HISPANISTIK IN SCHULE UND HOCHSCHULE

20

ALBERTO GIL / SONJA PREISS

ÜBUNGEN ZUR VERGLEICHENDEN GRAMMATIK DEUTSCH - SPANISCH

Eine Wiederholungsgrammatik für Fortgeschrittene

6.Auflage

Romanistischer Verlag · Bonn

Hispanistik in Schule und Hochschule
Herausgegeben von Karl-Heinz Joppich

20

Die Deutsche Bibliothek – CIP-Einheitsaufnahme

Gil, Alberto:
Übungen zur vergleichenden Grammatik Deutsch-Spanisch : eine Wiederholungsgrammatik für Fortgeschrittene / Alberto Gil ; Sonja Preiss. – Bonn : Romanistischer Verl., 1990
(Hispanistik in Schule und Hochschule ; 20)
ISBN 3-924888-57-4
NE: Preiss, Sonja:; GT

Satz und Gestaltung
Satz- und Schreibdienst Th. Babiel, Hallenberg

Romanistischer Verlag Jakob Hillen
Hochkreuzalle 46, 53175 Bonn
Unser Angebot im Internet:
www.rv-hillen.de

6. Auflage: April 2001

ISBN 3-924888-57-4
ISSN 0177-3607

Inhaltsverzeichnis

VORBEMERKUNG

Jedermann ist klar, daß die koordinierten, ästhetischen und scheinbar mühelos ablaufenden Bewegungen eines Athleten das Ergebnis mühsamer und schweißtreibender Vorarbeit sind. Die Ausbildung komplexer physischer Fertigkeiten bedarf stets eines harten Trainings. Nicht anders ergeht es dem Fremdsprachenlerner: Die Automatismen, die er in seiner Muttersprache als Kind scheinbar mühelos ausbildet, muß er sich hier hart erkämpfen.

Es genügt nicht, Einsichten in die fremde Grammatik gewonnen zu haben, auch nicht, die neuen Strukturen kognitiv zu beherrschen; eine hinreichende Kompetenz in der Fremdsprache bedarf der Sicherheit in der Anwendung, und diese erreicht nur, wer durch konsequentes Training die neuen sprachlichen Formen zur selbstverständlichen Fertigkeit weiterentwickelt hat.

Der *Romanistische Verlag* ergänzt mit dem vorliegenden Lehrwerk die zwei Bände kommentierter Übersetzungen Spanisch-Deutsch (H. Scherer) und Deutsch-Spanisch (A. Gil/E. Banús), die bereits eine große Resonanz bei Lehrenden und Lernenden gefunden haben. Sinn und Zweck der *Übungen zur vergleichenden Grammatik Deutsch-Spanisch* ist die Wiederholung und Festigung der in den o.g. Büchern enthaltenen Grammatik durch gezielte Übungseinheiten.

Das Buch besteht demnach aus zwei Teilen:

a) Grammatik

Im Grammatikteil werden Kapitel aus den *Kommentierten Übersetzungen Deutsch-Spanisch* (A.Gil/E.Banús) in straffer Form rekapituliert. Es handelt sich um Sprachstrukturen, die erfahrungsgemäß dem Spanisch Lernenden besondere Schwierigkeiten bereiten, sei es, daß sie strukturell stark vom Deutschen abweichen, sei es, daß sie Parallelitäten nahelegen, die es so nicht gibt, so daß sie latent immer „Übersetzungsfallen" beinhalten.

Die Zusammenfassungen enthalten Verweise auf die entsprechenden Stellen des *Gil/Banús*-Bandes, so daß für vertiefende Beschäftigung mit dem jeweils behandelten Thema eine Quelle genannt ist. Wie im o.g. Lehrwerk wird auch hier die Formenlehre weitgehend vorausgesetzt, da es sich nicht um ein Anfängerbuch handelt. Die bewährte Methode, die Grammatik kontrastiv zum Deutschen darzulegen, wurde beibehalten.

Vor der sportlichen Betätigung sollen Muskeln und Gelenke aufgewärmt werden, um die Trainingsleistung zu erhöhen. Sinn des komprimierten Grammatikteils ist es, vor der eigentlichen sprachlichen Betätigung die Theorie aufzufrischen, so daß die Übungen als solche eine größere Wirkung erzielen.

b) Übungen

Je nach Grammatikthema sind die Übungen einem ganzen Kapitel oder einem seiner Unterpunkte zugeordnet. Die Übungseinheiten weisen die bewährten Formen des Einsetzens, Umformens und Übersetzens auf. Die Lösungen finden sich in systematischer Anordnung im Anhang des Buches („Schlüssel zu den Übungen").

Die Übungen sind auf eine oder – wo es sinnvoll ist – mehrere grammatikalische Fragen abgestellt. Sie berühren aber darüber hinaus andere Aspekte der Grammatik, was ggf. Erläuterungen des Sprachpädagogen erforderlich macht. Für das Selbststudium ist dieses Übungsbuch nur insofern nützlich, als der Lerner bereits über die Fundamente der spanischen Sprache verfügt, so daß er sich auf der Basis bekannter Strukturen der Vertiefung einzelner Fragen widmen kann.

Manche Übungen sind speziell darauf hin konzipiert, dem Lernenden über die normalen Standards hinaus Wendungen, idiomatische Ausdrücke oder auch Sprichwörter zu vermitteln. Der Kursleiter sollte hierbei ggf. auf die Nützlichkeit hinweisen, bestimmte Übungsteile auswendig zu lernen, da so der lexikalische Bestand mit wenig Aufwand erheblich bereichert werden kann.

Aus dem Gesagten ergibt sich, daß das vorliegende Lehrwerk sowohl für das Eigenstudium als auch für den Einsatz im Unterricht konzipiert ist.

Wichtige Aufgaben des Unterrichtenden sind nicht nur, wie angedeutet, die Erläuterung zusätzlich auftauchender Fragen der Grammatik sowie die Anleitung zur sinnvollen Erweiterung des Vokabulars, sondern auch die Bereitstellung und Kommentierung äquivalenter Lösungsmöglichkeiten, die naturgemäß nicht in den „Schlüssel" aufgenommen werden konnten.

Die Autoren danken ausdrücklich Herrn Johannes Stamou für seine wertvolle Hilfe bei der Erstellung des Manuskripts.

I. DAS SUBSTANTIV

A. SUBSTANTIVIERUNGEN DURCH DEN ARTIKEL (s. Gil/Banús, I.1.3.)

Grammatik

1. „el" substantiviert sämtliche Wortarten und ganze Sätze mit Ausnahme der unter 2. genannten Abstrakta.

Bsp.: – Este fue el quinto que respondió al anuncio.
(= Das war der Fünfte, der sich auf die Annonce hin gemeldet hat.)
– el cómo: das Wie
– el no: das Nein
– el pro y el contra: das Für und Wider
etc.

2. „lo" substantiviert *abstrakte*

a) *Adjektive*

Bsp.: *Lo bueno* del caso es que...
(= Das Gute an der Sache ist, daß...)

b) *Possessivpronomina*

Bsp.: A cada cual *lo suyo*
(= Jedem das Seine)

c) *Ordnungszahlen*

Bsp.: Eso fue *lo primero* que se le ocurrió.
(= Das war das erste, was ihm einfiel.)

3. Mit Hilfe von „la" substantiviert man „nada":
– la nada: das Nichts

Übungen

I. Übersetzen Sie:

1) Im Kino läuft heute der Film „Die Unbestechlichen". 2) Das Unmögliche ist tatsächlich eingetreten: er hat die Seinen wiedergefunden. 3) In seinen Erzählungen gewinnt am Ende immer der Gute, und der Böse wird bestraft. 4) Das ist das Wichtigste, was noch zu tun ist. 5) Man muß das Übel an der Wurzel packen. 6) Dieser Tausch kommt nicht zustande, ich behalte das Meinige. 7) Armstrong war

der erste, der den Mond betrat. 8) Das Schlimmste ist, daß er das Lernen nicht ernst nimmt. 9) Sie war die dritte im Ziel. 10) Das erste, was mir einfiel, war, dich anzurufen.

II. Setzen Sie den entsprechenden substantivierenden Artikel ein:

1) El coche que iba detrás de mí se acercó tanto que llegué a ver _____ blanco del ojo del conductor. 2) _____ importante es que _____ ahumado esté a punto. 3) A todos los niños les gusta _____ dulce. 4) _____ más caro no es siempre _____ mejor. 5) _____ hacer no es _____ decisivo, sino _____ querer hacerlo. 6) Este especulador ha gastado _____ suyo y _____ ajeno. 7) _____ tercero de la izquierda es _____ más grande de todos. 8) Aunque los dos son gemelos, son tan distintos como _____ blanco y _____ negro. 9) Tenemos que esperar al presidente; él es _____ más importante en la reunión.

B. DAS PRÄDIKATIV (s. Gil/Banús, I.2.2.)

Grammatik

Das Prädikativ ist eine nominale Ergänzung des Subjekts bzw. Objekts eines Satzes, in dem das Prädikat Hilfsverbcharakter aufweist (z.B. nennen, heißen, halten für etc.).
Bsp.: Man nennt ihn Pinocchio.
(= Le llaman Pinocho.)
Beachten Sie: Die Anknüpfungsmöglichkeiten im Deutschen und im Spanischen sind oft verschieden. Man muß sie mit dem jeweiligen Verb zusammen lernen. Manche Ausdrücke sind bereits idiomatische Redewendungen.
Häufigste Prädikativkonstruktionen im Deutschen:

1. *Ohne Anknüfungspartikel*
Bsp.: – Sie nannten ihn „Hombre".
(= Le llamaron/llamaban „hombre".)
– Er findet sie entzückend.
(= La encuentra preciosa.)

2. *Mit „als"*
Bsp.: – Der Saal erweist sich als zu groß.
(= La sala resulta demasiado grande.)
– Er wird als Spitzenpolitiker bezeichnet.
(= Es calificado de líder político.)

3. *Mit Präposition*

Bsp.: – Ich halte meine Aufgabe für erfüllt.
(= Doy mi labor por cumplida.)
– Er wurde zum Präsidenten gewählt.
(= Fue elegido presidente.)

„Als" wird bisweilen im Deutschen als Präposition in der Bedeutung von „in der Eigenschaft/Funktion von" verwendet. Die spanischen Entsprechungen sind meistens „como", „en calidad de" oder die Apposition.

Bsp.: – Ich spreche mit Ihnen als Ihr Freund.
(= Hablo con Vd. como su/en calidad de amigo.)
– Als Rektor der Universität kann ich das nicht dulden.
(= Yo, el rector de la Universidad, no puedo permitir esto.)

Übung

Übersetzen Sie:

1) Wir haben ihn immer für einen Feigling gehalten, aber gestern zeigte er viel Mut. 2) Unser Verdacht erwies sich als unberechtigt. 3) Er gilt als unbestechlich. 4) Als neutraler Schiedsrichter konnte er nicht anders entscheiden. 5) Ich finde es unangebracht. 6) Er ist nicht als Politiker gekommen, sondern als Privatmann. 7) Er kam offiziell als Botschafter seines Landes nach Bonn. 8) Für wen hält er sich eigentlich? 9) Er mußte hart arbeiten, bis man ihn zum Direktor ernannte. 10) Er war zehn Jahre als Botschafter in Paris. 11) Juan Carlos wurde im Jahre 1975 zum König gekrönt. 12) In dem Prozeß mußte er als Zeuge aussagen. 13) Sie mußte 500 DM (als) Entschädigung bezahlen. 14) Als Zeichen von Interesse überrascht mich das. 15) Weil er das Gefundene ehrlich abgegeben hatte, erhielt er 1.000 DM Finderlohn. 16) Er wurde endlich zum Oberst befördert. 17) Er starb als Held. 18) Die Porta Nigra in Trier gilt als bedeutendstes Römerdenkmal in Deutschland. 19) Die Sonne diente ihnen als Wegweiser.

C. Übersetzungen deutscher Wortzusammensetzungen (s. Gil/Banús, I.6.5.)

Grammatik

Spanische Ausdrucksmöglichkeiten der deutschen Wortzusammensetzungen:

1. *Substantiv + de + Substantiv*

Bsp.: Interessengebiet campo de interés

2. *zwei durch andere Präpositionen verbundene Substantive*

Bsp.: Lichtempfindlichkeit	sensibilidad a la luz
Nachnahmesendung	envío contra reembolso
Kettenreaktion	reacción en cadena
Milchkanne	jarra para la leche
Fortsetzungsroman	novela por entregas
Lohnabkommen	acuerdo sobre salarios

3. *Substantiv + Adjektiv*

Bsp.: Luftverschmutzung — contaminación atmosférica

4. *ein einziges Substantiv*

Bsp.: Kleiderständer — perchero

5. *zwei Substantive in asyndetischer Folge*

Bsp.: Polizeihund — perro policía

Die häufigste Verbindungsmöglichkeit beider Substantive ist die Präposition „de". Wegen der schwierigen Systematisierung der anderen spanischen Konstruktionen empfiehlt es sich, sie als Vokabeln auswendig zu lernen.

Übungen

I. Übersetzen Sie:

1) Geh mir mal bitte den Hustensaft aus der Apotheke holen, das Rezept ist in meiner Manteltasche. 2) Sein Kameradschaftsgeist und seine Hilfsbereitschaft waren unübertrefflich. 3) Dieses Wunderkind hat schon mit 6 Jahren ein ganzes Klavierkonzert verfaßt! 4) Ich habe letzte Woche einen größeren Betrag in der Klassenlotterie gewonnen; mit diesem Gewinn bin ich sofort zum Möbelhaus gegangen und habe unsere neue Wohnzimmereinrichtung bezahlt. 5) Wir müssen unseren Jagdhund zum Tierarzt bringen, weil er sich das Rattengift, das wir im Garten verstreut haben, hat schmecken lassen. 6) Mein Namensgedächtnis läßt mich mal wieder im Stich, aber du als Kunstliebhaber kennst bestimmt den Namen des Kunsthändlers an der Straßenecke. 7) Im Meisterschaftskampf der Schwergewichtler besiegte der amerikanische Titelverteidiger seinen schon angeschlagenen Landsmann in der vierten Runde durch einen gezielten Kinnhaken. 8) In dieser Tageszeitung interessieren mich die Leserbriefe am meisten; hier ist zum Beispiel einer über den Parkplatzmangel im Bahnhofsbereich. 9) Im Mittelpunkt der Unterredungen zwischen dem deutschen Verteidigungsminister und seinem amerikanischen Kollegen werden Fragen der

Sicherheitspolitik und Rüstungskontrolle stehen. 10) Von der Lohnsteuerrückerstattung habe ich mir Nebelscheinwerfer für meinen Kleinwagen gekauft. 11) Die mit rund 1,3 Milliarden Mark Forschungsmitteln entwickelte Magnetschwebebahn Transrapid muß noch umfassend in der Praxis erprobt werden. 12) Ein Schulschiff, das im Hamburger Hafen vor Anker lag, ist am Donnerstag von einem Tankschiff gerammt worden und gesunken. Die Besatzung des Schulschiffes konnte nach dem Unglück mit Hilfe von Froschmännern und Rettungshubschraubern aus dem eiskalten Wasser gerettet werden. 13) Eine noch so große Lehrbefähigung ist immer noch kein Freischein für einen Arbeitsplatz, da –trotz Lehrermangels- aufgrund der Finanznot des Landes weitere Kürzungen bei den Lehrereinstellungen vorgenommen werden müssen.

II. Übersetzen Sie:

1) Landesverräter
2) Konjunkturschwankungen
3) Müllverwertungsanlage
4) Hausmeisterloge
5) Milchschokolade
6) Lieferverzögerung
7) Kernspaltung
8) Mengenrabatt
9) Lohnstreit
10) Werbeläufer (Sandwichman)

II. DAS ADJEKTIV

Grammatik

A. Stellung des attributiven Adjektivs (s. Gil/Banús, I.3.1.)

1. *Nachgestellt*: das Adjektiv hat eine definierende, eingrenzende Funktion.
Bsp.: Murió de un tumor maligno.
(= Er starb an einem bösartigen Tumor.)

2. *Vorgestellt*: das Adjektiv hat eine beschreibende, dekorative Funktion. Es kommt häufig bei affektiven Ausdrücken vor.
- fieros leones: wilde Löwen
- ¡Maldita lluvia!: Verdammter Regen!

3. Wenn mehrere Adjektive keine begriffliche Einheit bilden, können sie nach den o.g. Regeln *vor- und/oder nachgestellt* werden.
Bsp.: La preciosa y cuantiosa colección de Thyssen-Bornemisza es una de las más importantes colecciones privadas de objetos de arte.
(= Die wertvolle und umfangreiche Sammlung Thyssen-Bornemisza ist eine der bedeutendsten privaten Kunstsammlungen.)

B. Konkordanz des Adjektivs (s. Gil/Banús, I.3.2.)

1. *Ein Adjektiv bezogen auf mehrere Substantive:*
a) Das Adjektiv wird *nachgestellt:*
Das Adjektiv steht im Plural und bei unterschiedlichem Genus der Substantive im Maskulinum.
Bsp.: chicos y chicas alemanes
(= deutsche Jungen und Mädchen)
b) Das Adjektiv wird *vorgestellt*:
Das Adjektiv richtet sich in Genus und Numerus nach dem nächstfolgenden Substantiv.
Bsp.: hermosas estatuas y mosaicos
(= schöne Statuen und Mosaike)

2. *Mehrere Adjektive auf ein Substantiv bezogen:*
Außer bei den in A.2. erwähnten Regeln werden diese Adjektive im Singular meistens dem im Plural stehenden Substantiv nachgestellt.

Bsp.: las culturas griega y romana
(= die griechische und römische Kultur)

In Zusammensetzungen, besonders bei Nationalitätsbezeichnungen, steht das erste Adjektiv in der lateinischen Form mit der Endung auf „-o" und nur das zweite richtet sich nach dem Substantiv.

Bsp.: las relaciones económicas luso-españolas
(= die spanisch-portugiesischen Wirtschaftsbeziehungen)

Übungen

I. Übersetzen Sie:

1) An dieser Sprachenschule kann man die englische, französische, spanische, italienische, portugiesische und russische Sprache studieren. 2) Die gotischen Glasmalereien und Bildteppiche stellten hauptsächlich biblische und historische Ereignisse dar. 3) Der Bundestag forderte den sofortigen bedingungslosen Abzug der sowjetischen Truppen aus Afghanistan. 4) „Tinnitus" ist ein peinigendes Ohrengeräusch, bei dem nur in seltenen Fällen Aussicht auf vollständige Heilung besteht. 5) Auf dieser breiten, schönen Straße herrscht jeden Tag ein buntes und geschäftiges Treiben. 6) In diesen Tagen kann man viele Leute schwere Tüten und Pakete schleppen sehen. 7) Das große schwarze Pferd da vorne ist ein großartiges Rennpferd. 8) Unsere beiden angriffslustigen Hunde haben gestern die alte Katze unseres Nachbarn durch dessen riesigen, ungepflegten Garten gejagt. 9) Thema des deutsch-französischen Treffens war hauptsächlich die wirtschaftliche und soziale Situation beider Länder. 10) Der schwedisch-französische Krieg wurde 1648 durch den Westfälischen Frieden abgeschlossen. 11) Der Frachter aus Mittelamerika war mit hochgiftigen, explosiven Chemikalien beladen. 12) Die mit gefährlichen Substanzen gefüllten Fässer sollten im benachbarten ehemaligen Kasernengelände von Santa Cruz de Parga gelagert werden. 13) Ein altes, schmiedeeisernes Tor öffnet den Weg durch einen großen verwilderten Garten zu den baufälligen Häusern und Stallungen. 14) Auf der Ausstellung konnten wir die vielen schönen Gemälde und Kupferstiche des berühmten französischen Künstlers bewundern. 15) Sie wohnen in einem kleinen, idyllischen Dorf mit verträumten Bauernhöfen und einem großen, modernen Versuchsgut. 16) Wir suchen ein modernes, geräumiges, nicht zu teures Haus mit einem Garten, in dem schöne Obstbäume und Ziersträucher stehen. 17) Die Ethnologen, Erforscher der materiellen und geistigen Grundlagen verschiedenster Gemeinschaften, beschränken sich längst nicht mehr auf relativ kleine geschlossene Gruppen; daher wird der Bereich ethnologischer Forschung und Arbeit immer breiter. 18) An einem warmen, sonnigen Sommertag spielten auf einer breiten, staubigen, ungeteerten Straße ein paar traurige, zerlumpte Kinder lustlos mit verstaubten

Murmeln und Kügelchen. 19) Der Morgen war lautlos, in einer tiefen, feierlichen, weiten, leeren Stille unter der blauen Luftglocke, die sich mit einem heftigen, unablässigen, verzweifelten Summen zu füllen schien.

II. Setzen Sie die Adjektive richtig ein:

„El cossiers“

1) De la danza de „el cossiers“ se dice que es la (más antigua) _________ danza _________ de cuantas se conservan en Mallorca. 2) Tiene rasgos de las danzas del Corpus, que acompañaban el paso de la custodia por las (alfombradas) _________ calles _________ con (olorosas) _________ hierbas _________. 3) Ahora, „el cossiers“ se baila el 23 y 24 de agosto en Montuiri, que, a pesar de su proximidad a (turísticos, importantes) _________ núcleos _________, ha sabido mantener sus (viejas) _________ tradiciones _________. 4) Los (fundamentales) _________ personajes _________ de la danza son el flabioler y el dimoni. 5) Juntos recorren las calles de la ciudad interpretando unos (recios y viriles) _________ bailes _________.

Grammatik

C. Vergleich des Adjektivs

Im Spanischen finden sich folgende adjektivische und adverbiale Entsprechungen der deutschen Vergleiche:

1. – *so viel* + *Subst....wie*: „tanto, –a“ + Subst....„como“
   – *sowenig* + *Subst....wie*: „tan poco, –a“ + Subst....„como“

Bsp.: – Ich habe so viele Fehler wie du.
(= Tengo tantas faltas como tú.)
– Du hast sowenig Schuld wie er.
(= Tienes tan poca culpa como él.)

2. *so* + *Adj.* + *wie*:

a) „tan“ + Adj. + „como“

Bsp.: Er ist ebenso schnell wie geschickt.
(= Es tan ágil como hábil.)

b) „igual de“ + Adj. + „que“

Bsp.: Sie sind genauso klug wie wir.
(= Son igual de listos que nosotros.)

3. *so viel/so sehr wie:* „tanto como“

Bsp.: Er ißt so viel wie du.
(= Come tanto como tú.)

D. Steigerung: Komparativ (s. Gil/Banús, I.3.3.)

1. a) *más/menos...que:* graduelle, vergleichende Steigerung einer Eigenschaft

Bsp.: Madrid es más grande que Barcelona.
(= Madrid ist größer als Barcelona.)

b) *más/menos de:* Steigerung einer Menge: kommt besonders bei Zahlen vor.

Bsp.: Ese árbol tiene más de cien años.
(= Dieser Baum ist über 100 Jahre alt.)

Verneinende Varianten:

- *no más que:* „nur" (etwas geringschätzig)

Bsp.: Ese taller no tiene más que cinco empleados.
(= Dieser Betrieb da hat nur fünf Angestellte.)

- *no más de:* „nicht mehr als"

Bsp.: Este coche no consume más de cinco litros.
(= Dieses Auto verbraucht nicht mehr als 5 Liter.)

2. *cada vez más/menos:* „immer" + Komparativ

Bsp.: Iba hablando cada vez más alto.
(= Er sprach immer lauter.)

E. Steigerung: Superlativ (s. Gil/Banús, I.3.4.)

1. a) *Superlativo relativo: Artikel + más de*

Bsp.: Barcelona es el puerto más importante de España.
(= Barcelona ist der bedeutendste Hafen Spaniens.)

b) *Elativ: Adverb* (muy, sumamente, extraordinariamente, horriblemente, enormemente etc.) + *Adjektiv*

Bsp.: Ese es un asunto sumamente/extremamente complicado.
(= Das ist eine äußerst komplizierte Angelegenheit.)

In der Umgangssprache werden hierfür auch feststehende Wendungen verwendet, die eine Steigerungsstruktur aufweisen („más...que").

Bsp.: Es más pobre que una rata, pero está más contento que unas Pascuas.
(= Er ist bettelarm, aber überglücklich.)

c) *Superlativo absoluto: Adjektiv auf –ísimo, –a*

Bsp.: La sopa está malísima.
(= Die Suppe schmeckt furchtbar.)

Bei der Bildung auf „-ísimo, –a" sind
– manche Schriftanpassungen nötig.

Bsp.: rico: riquísimo

- manche lateinische Formen zwingend.

Bsp.: pobre: paupérrimo

2. Die deutschen Superlative *„die meisten"* und *„die wenigsten"* werden je nach ihrer Funktion übersetzt:

a) *als Adjektive:*

- „el mayor/menor número de"
- „la mayor/menor cantidad de"
- „la mayor/menor parte de"
- „la mayoría de"/„la menor parte de"

Bsp.: In den meisten Fällen ging das gut.
(= En la mayoría de los casos, esto resultó bien.)

b) *als Substantive*

- *Plural:* „la mayoría"/„los menos"

Bsp.: Die wenigsten wissen das.
(= Lo saben los menos.)

- *Neutrum:* „la mayor parte"/„lo menos"

Bsp.: Das ist das wenigste, was wir tun können.
(= Es lo menos que podemos hacer.)

c) *als Adverbien:* „am meisten"/„am wenigsten": „más"/„menos"

Bsp.: Das war es, was ihm am meisten fehlte.
(= Eso era lo que más falta le hacía.)

Übungen

I. Übersetzen Sie:

1) In Regionen über 1.500 m wird es am Wochenende zu Schneefällen kommen. 2) Das war der stärkste Regen seit der Sintflut. 3) Er sitzt die meiste Zeit über seinen Büchern. 4) Ich dachte immer, ihm gehöre das Hotel, aber er ist ja nur der Portier! 5) Sie war zutiefst enttäuscht. 6) In Köln gibt es weniger Studenten als in München. 7) Dieser Mantel war spottbillig. 8) Zu Weihnachten habe ich nur zwei Postkarten bekommen. 9) Wir haben noch nie so viel Arbeit gehabt wie jetzt. 10) Mensch, du wirst ja immer größer! 11) Der „Colonius" ist höher als der Kölner Dom; er ist über 260 m hoch. 12) Dieser kleine Bursche da ist erzgescheit. 13) Ich habe genausoviel Angst vor dem Zahnarzt wie ihr. 14) Dieser Kognak ist von höchster Qualität. 15) Das versteht er sowieso nicht, er ist stockdumm. 16) Dein Spinat schmeckt einfach prima. 17) Es gibt nichts Grausameres, als in Granada, einer der schönsten Städte

der Welt, blind zu sein. 18) Obwohl du noch nicht so lange studierst, weißt du schon genausoviel wie er. 19) Auf dem Speicher haben wir eine uralte Kiste mit sündhaft teuren Kleidern gefunden. 20) Am Samstag, als er am wenigsten damit rechnete, hat er tatsächlich über 2.000.000 DM im Lotto gewonnen. Jetzt ist er steinreich.

II. Stellen Sie einen Vergleich auf:

1) Hoy el termómetro marca diez grados bajo cero, lo mismo que ayer. 2) Barcelona tiene casi dos millones de habitantes. Colonia no tiene ni siquiera un millón. 3) El Mulhacén está situado en la Sierra Nevada y se eleva a 3.481 m. Las demás montañas de España no tienen tanta altura. 4) La catedral gótica de Santander se empezó a construir a mediados del siglo XIII, la de León data de finales de ese siglo. 5) El Tajo desemboca en el Atlántico, cerca de Lisboa, después de haber hecho un recorrido de 1.008 kilómetros. No hay otro río de tanta longitud en la Península Ibérica. 6) Carmen se levanta a las seis y media, María a las seis y cuarto. 7) Juan está moreno del sol, y sus amigos también. 8) La lección de la voz pasiva es difícil, aunque tengo más problemas con la del indefinido e imperfecto. 9) Matías tiene dos hermanos y dos hermanas. 10) 138 miembros de la asociación votaron por el nuevo presidente, mientras 29 votaron contra él y 3 se abstuvieron de votar.

III. „De" oder „que"?

1) Este vino es más seco _____ aquél. 2) Este año ha llovido más _____ nueve meses. 3) No trabajará si no gana más _____ diez marcos por hora. 4) Cuatro ojos ven más _____ dos. 5) En ese trágico accidente no sobrevivieron más _____ dos personas. 6) Este chico es más inteligente _____ los demás de su edad; sabe más _____ Lepe. 7) Como los poemas épicos medievales no estaban destinados a la lectura privada, sino a la recitación, no había más _____ una copia de ellos, y, por eso, desapareció pronto ese género. 8) En el curso elemental no admiten más _____ treinta estudiantes; sin embargo, si no vienen hoy más _____ la semana pasada, no daremos la clase. 9) Brasil mide más _____ ocho millones de kilómetros cuadrados, teniendo así una superficie mucho más extensa _____ Uruguay, que no mide más _____ 180.000 km^2. 10) Aunque la extensión superficial de España es casi tan grande como la de Francia, tiene menos habitantes _____ su país vecino: mientras en España no viven más _____ 35 millones, Francia tiene más _____ 50 millones de habitantes.

IV. Bilden Sie den Superlativo absoluto der folgenden Adjektive:

rico, fiel, nuevo, sabio, fuerte, antiguo, poco, pobre, simple, largo, noble, célebre, sagrado, amable, libre

III. DAS ADVERB

A. ADVERBIEN DER ART UND WEISE (s. Gil/Banús, I.4.1.)

Grammatik

1. In manchen Fällen kann das *Adjektiv im Mask. Sg.* neben der Adverbform stehen.
Bsp.: Estos obreros tienen que trabajar muy *duro/duramente*.
(= Diese Arbeiter müssen sehr *hart* arbeiten.)

2. *Bildung des Adverbs*
a) Femininform des Adjektivs + „-mente"
Diese Form auf „-mente" wird bevorzugt, wenn das Adverb ein Adjektiv oder ein anderes Adverb näher bestimmt.
Bsp.: Quedamos *agradablemente sorprendidos* de ese resultado inesperado.
(= Wir waren *angenehm überrascht* von diesem unerwarteten Ergebnis.)
b) Bei zwei oder mehr verbundenen Adverbien auf „-mente" steht diese Endung nur beim letzten. Das erste behält die Femininform des Adjektivs.
Bsp.: lisa y llanamente: schlicht und einfach

3. Einige Adjektive lassen die Adverbform auf „-mente" nicht zu: barato, caro, bajo, alto etc.
Bsp.: Aquel conferenciante habla tan *alto* que no necesita micrófono.
(= Dieser Redner dort spricht so *laut*, daß er kein Mikrophon braucht.)

4. Die Adverbien auf „-mente" werden oft durch *adverbiale Wendungen* mit Präposition ersetzt.
Bsp.: – Al entrar el director, *de repente* todos se pusieron a trabajar.
(= Als der Direktor eintrat, begannen *plötzlich* alle zu arbeiten.)
– Quiere a su marido *con locura*.
(= Sie liebt ihren Mann *wie wahnsinnig*.)

Übungen

I. Bilden Sie –wo möglich- das Adverb auf „-mente":

1) formal – informal 2) resistible – irresistible 3) posible – imposible 4) probable

– improbable 5) normal – anormal 6) esperado – desesperado 7) legible – ilegible 8) regular – irregular 9) creíble – increíble 10) legal – ilegal

II. Ersetzen Sie

a) den unterstrichenen Ausdruck durch ein Adverb auf „-mente":

1) Esta explicación se comprende *sin dificultad.* 2) El locutor comenta *con profusión de detalles* el partido de fútbol. 3) Cantaban *con alegría.* 4) *Es posible* que venga. 5) Tira *con fuerza* de la palanca. 6) *Gracias a Dios,* todo ha venido a arreglarse a su favor. 7) Dobla la esquina *a gran velocidad.* 8) *En teoría,* no puede salir mal. 9) Llovía *sin cesar.* 10) *Al fin,* los partidos llegaron a un acuerdo.

b) das Adverb auf „-mente" durch einen präpositionalen Ausdruck:

1) En el hospital buscan urgentemente a donantes con el grupo sanguíneo AB. 2) Generalmente, a estas representaciones teatrales va mucha gente. 3) Lo ha afirmado seriamente. 4) Indudablemente es como decís. 5) El general se lanzó resueltamente al ataque. 6) Lo confesó francamente. 7) Para otorgar un poder, es preciso comparecer personalmente. 8) Después del informe del querellante, todos los presentes conocían detalladamente la vida y milagros del acusado. 9) Conduce hábilmente por el denso tráfico.

III. Vervollständigen Sie die präpositionalen Ausdrücke:

1) Se niega _______ obstinación a admitir que no tiene razón. 2) Están hablando _______ secreto. 3) Participábamos _______ buena gana en las excursiones familiares. 4) El sol calentaba _______ piedad. 5) Se sonríe _______ bondad. 6) Sentimos _______ veras que no podáis venir. 7) Se presentó él _______ persona. 8) Confía en él _______ ciegas. 9) Los antiguos compañeros de estudios se ven _______ vez _______ cuando. 10) No acierta ni _______ casualidad. 11) _______ repente hubo una fuerte detonación, y _______ seguida se oyeron las sirenas. 12) Esta chica sabe tocar la guitarra _______ maravilla. 13) Le miraba _______ reojo.

IV. Übersetzen Sie:

1) Im großen Wohnraum standen alle drei Türen sperrangelweit auf. 2) Man muß auch mit seinen Feinden gerecht, ehrenvoll und würdevoll umgehen. 3) Je näher wir der Ortschaft kamen, um so deutlicher drang der dumpfe Ton von Hammerschlägen an mein Ohr. 4) Bezahlen sie dich wöchentlich oder monatlich? 5) Ich bekomme

mein Gehalt am Monatsende. 6) Sie stammelte halblaut, aber wir konnten halbwegs verstehen, was sie sagte. 7) Du kannst dich voll und ganz auf ihn verlassen. 8) Er setzt sich eifrig für die Realisierung dieser Idee ein. 9) Dieser Werbeslogan wird die Kunden magnetisch anziehen. 10) In dem Buch wird der Stil des galicischen Schriftstellers aufs Genaueste analysiert. 11) Das kulturell unterdrückte Katalonien übte seinerseits jahrelang einen sozialen und wirtschaftlichen Druck auf den Süden Spaniens aus. 12) Der Direktor hat den Geschäftsführer kurzerhand entlassen, nachdem dieser sein Vertrauen schäbig mißbraucht hatte. 13) Die Mißfallenskundgebungen in den Jahren 1957/58 wurden hart unterdrückt. 14) Menschen aus Ost und West umarmen sich brüderlich.

B. Prädikatives Adjektiv/modales Adverb (s. Gil/Banús, I.3.5.)

Grammatik

1. Das *prädikative Adjektiv* steht nicht unbedingt neben dem Substantiv, sagt aber etwas über das Substantiv aus.

Form: im Deutschen: unveränderlich
im Spanischen: veränderlich (Anpassung an das dazugehörige Substantiv)

Bsp.: – Die Zahl der Flüchtlinge ist *beträchtlich.*
(= El número de los refugiados es *considerable.*)
– Diese Geldsummen sind *beträchtlich.*
(= Estas cantidades de dinero son *considerables.*)

2. Das *modale Adverb* bezieht sich auf das Verb und sagt etwas über die Art und Weise der Handlung aus.

Form: im Deutschen: unveränderlich
im Spanischen: Endung auf „-mente" oder adverbiale Wendung

Bsp.: – Die Zahl der Flüchtlinge nimmt *beträchtlich* zu.
(= El número de los refugiados aumenta *considerablemente.*)
– Ich kann das Gedicht *auswendig.*
(= Sé la poesía *de memoria.*)

3. Bei manchen deutschen Sätzen muß der Kontext stärker zu Rate gezogen werden, da Doppelinterpretationen (*prädikatives Adjektiv/modales Adverb*) möglich sind.

Bsp.: Das Mädchen ging *fröhlich* auf der Straße.
(= La chica iba *alegre/alegremente* por la calle.)

Übungen

I. Setzen Sie die entsprechende Form ein:

1) Las chicas viajaron (solo) _______. 2) Las chicas viajaron (solo) _______ a la provincia vecina. 3) El agua de este río corre (lento) _______. 4) Los estudiantes escuchan (atento) _______ al profesor. 5) Los examinandos solucionaron (fácil) _______ los temas del examen. 6) Si no lo lográis (solo) _______, ¡llámadnos! Os ayudaremos (gustoso) _______. 7) Los evacuados viven (contento) _______ en el nuevo país. 8) La anciana sube (lento) _______ las escaleras. 9) La encontramos (enfadado) _______. 10) Las chicas hablan (suave) _______, (tranquilo)_______ y (sereno) _______. 11) Amparo se calla (irritado) _______. 12) La procesión pasa (solemne) _______ por la ciudad. 13) Habéis obrado (atolondrado) _______. 14) Mis amigas me llaman por teléfono y me dicen muy (excitado) _______ que nuestras acciones han subido (enorme) _______.

II. Adjektiv oder Adverb? Setzen Sie ein:

1) El colega nos explica (detallado) _______ cuál es nuestra misión. 2) Quiero tener las cosas (claro) _______. 3) Una vez comenzado el otoño, las noches se vuelven muy (largo) _______. 4) Los niños están esperando la Nochebuena (ansioso) _______. 5) Al caer la primera nieve, salieron (precipitado) _______ al jardín y miraron (encantado) _______ hacia el cielo. 6) Celebramos la fiesta muy (alegre) _______, pero al día siguiente llegamos todos muy (cansado) _______ a la oficina. 7) El maestro corrige (minucioso) _______ el ejercicio de redacción. 8) Los dos corrieron (ciego) _______ a su ruina. 9) Rosario se queda en casa (ofendido) _______. 10) La lluvia cae (lento) _______. 11) Pere está sentado (cómodo) _______ en la mecedora. 12) El médico habla con el enfermo (franco) _______ de su enfermedad. 13) Si no estudiáis más (intenso) _______, el curso terminará (desastroso) _______ para vosotras. 14) Esa música suena (horrible) _______. 15) Carlos se despidió (apresurado) _______. 16) Las medidas de estabilización de la coyuntura han afectado (enorme) _______ al sector de inversiones. 17) Los directivos informan muy (feliz) _______ a los empleados y a los obreros que la empresa no tiene que declararse en quiebra. 18) Los costes que se calculan (directo) _______ a la unidad producida, son los „costes directos".

III. Übersetzen Sie:

1) Ein Kunde aus Spanien stand überraschend in der Tür. 2) Der Kommilitone neben mir springt unerwartet auf, und ich lasse erschrocken meinen Stift fallen. 3) Die

Reisenden warten ungeduldig auf dem Bahnsteig. 4) Sprich deutlich, ich verstehe dich nicht! 5) Todunglücklich kehrte Carmen nach Hause zurück. 6) Die Freundinnen sahen uns bestürzt und unentschlossen an. 7) Manolo bestraft seinen Hund ungerecht, und dieser senkt traurig den Kopf. 8) Er hat das bewußt getan. 9) Die Kinder schluchzen herzzerreißend. 10) Sie blickt zerstreut ins Tal. 11) Du wirst schon sehen, die Sache geht jetzt schnell. 12) Unser neuer Kollege arbeitet sehr gewissenhaft. 13) Sie saß gedankenverloren am Tisch und aß schweigend. 14) Das Wasser des Baches fließt klar dahin. 15) Güter tragen direkt oder indirekt zur Bedürfnisbefriedigung bei. 16) In dieser Angelegenheit mußt du besonnen vorgehen. 17) Die Anwesenden lauschten gespannt den Worten des Redners. 18) Sag mir klipp und klar, was ich für dich tun kann. 19) Antonio und Pepe lagen faul in der Sonne, bis ein ohrenbetäubender Lärm sie unsanft weckte. 20) Nachdem sie erstaunt das Kündigungsschreiben gelesen hatte, war sie drauf und dran, dem Personalchef unverblümt die Meinung zu sagen.

C. ADVERBIALE ZEITANGABEN (s. Gil/Banús, I.4.2.)

Grammatik

1. *Deutsch „an": im Spanischen oft „en"*
Bsp.: Am Fest der „Heiligen Familie".....
(= *En la fiesta* de la „Sagrada Familia".....)
Ausnahme: Vor Zahlen, „día", den Wochentagen und „fin de semana"
Bsp.: Am Montagmorgen kommen die neuen Lehrlinge.
(= *El lunes por la mañana* vendrán los nuevos aprendices.)

2. *Deutsch „in": im Spanischen oft „en"*
Bsp.: In den letzten Oktobertagen war es noch wärmer als *im Frühjahr.*
(= *En los últimos días de octubre* hizo más calor que *en la primavera.)*
Beachte:

a)	in der Nacht	durante la noche
	in der Morgendämmerung	al amanecer
	im vorigen Jahr	el año pasado
b)	in + Zeitraum:	dentro de/en X
	– in Kürze	dentro de poco
	– in 14 Tagen	dentro de/en 15 (!) días

3. *Anfang, Mitte und Ende eines Zeitraumes* werden in beiden Sprachen durch den Artikel exakt bezeichnet:

III.C.

vage: Anfang der 80er Jahre	a principios/comienzos de los ochenta
exakt: am Anfang der 80er Jahre	al principio/comienzo de los ochenta

Übungen

I. Übersetzen Sie:

a) „an"

1) Es geschah an einem schönen Herbsttag. 2) Ich erinnere mich genau: es war am 14. November 1971. 3) Am Abend des 13. Juli hatte ich meine Koffer gepackt und alles zurechtgestellt, damit ich gleich früh am Morgen abfahren konnte. 4) Am Fest der Befreiung der Stadt waren alle Straßen mit Fahnen geschmückt. 5) Am Gedenktag seines Todes wurde in der kleinen Kapelle eine Messe gefeiert. 6) Dort wurden wir einige Stunden aufgehalten, denn ein anonymer Anfrufer hatte, wie wir später erfuhren, am Nachmittag behauptet, ein gesuchter Verbrecher sei in dem Zug und versuche, sich ins Ausland abzusetzen.

b) „in"

1) In den letzten Apriltagen ist mit vermehrten Regenfällen zu rechnen. 2) Ruf Paco, der wird dir das im Handumdrehen reparieren. 3) Diese neuen Funde geben Aufschluß darüber, wie die Menschen dieses Gebietes im frühen Altertum lebten. 4) In jener Zeit lebten die Menschen noch ruhiger und zufriedener als heute. 5) Im vorigen Jahr konnten wir sogar im Oktober noch bis in die Abenddämmerung hinein in Hemdsärmeln auf dem Balkon sitzen. 6) Stell dir vor: in vierzehn Tagen ist schon wieder Weihnachten! 7) Es war in einer kalten Winternacht im Jahre 1983, als das Auto in der Morgendämmerung auf dem Glatteis urplötzlich ins Schleudern geriet und mit voller Wucht gegen einen Baum prallte. 8) In jener Nacht mußten vier junge Menschen ihr Leben lassen.

II. Ergänzen Sie die Zeitangaben – wo nötig – durch eine Präposition:

1) Se levanta cada día ________ las seis ________ la mañana. 2) Llegué ________ media mañana. 3) Voy a verle ________ el jueves ________ la tarde. 4) Terminó sus estudios ________ comienzos de los ochenta, exactamente ________ mayo ________ 1982. 5) Para alimentar a su familia, trabaja en un servicio de lavacoches ________ el día, y ________ la noche está de camarero en una cervecería. 6) Nació ________ el 29 ________ febrero ________ 1948. 7) ________ un buen día hizo la maleta y se fue ________ siempre. 8) Era ya ________ noche, cuando llegó a casa.

IV. DAS PRONOMEN

A. ÜBERSETZUNGEN DES DEUTSCHEN „MAN“ (s. Gil/Banús, I.5.2.)

Grammatik

1. *se + 3. Pers. Sg.*: allgemeinste Form (für den Fall der „pasiva refleja“ s. Gil/Banús, I.9.2.)
Bsp.: Man sagt, daß...
(= Se dice que...)

2. *3. Pers. Pl.*: der unpersönliche Ausdruck meint einen überschaubaren Kreis.
Bsp.: Im Büro sagt man, daß...
(= En la oficina dicen que...)

3. *uno, –a:*
a) bei reflexiven Verben
Bsp.: Man entschloß sich, ...
(= Uno, –a se decidió a ...)
b) wenn der Sprecher mit einbezogen ist
Bsp.: Hier kann man nichts sagen!
(= ¡Aquí uno, –a no puede decir nada!)

4. *2. Pers. Sg.*: Umgangssprache
Bsp.: In dieser Kneipe zahlt man 2 DM für ein Bier!
(= ¡En este bar pagas dos marcos por una cerveza!)

5. *1. Pers. Pl.*: didaktischer/Essay-Stil
Bsp.: Man unterscheidet notwendige und ergänzende Relativsätze.
(= Distinguimos oraciones subordinadas de relativo especificativas y explicativas.)

Übung

Übersetzen Sie:

1) Bevor man andere überzeugt, sollte man sich erst selbst überzeugen. 2) Man wünscht sich bisweilen Dinge, die einem mehr schaden als nützen. 3) Oft glaubt

man selbst nicht, was man anderen versichert. 4) Man verspricht nicht, was man nicht halten kann. 5) Man weiß oft nicht, was man am meisten braucht. 6) Man ist nicht glücklich, wenn man nicht vorankommt. 7) Man täuscht sich oft. 8) Man ist nicht immer Herr der Situation. 9) Was du nicht willst, was man dir tu', das füg auch keinem andern zu! 10) Das weiß man ja. 11) Um einen Weg zu erfahren, fragt man am besten einen Polizisten. 12) Auf Reisen lernt man viel. 13) Mit der Zeit gewöhnt man sich an alles. 14) Der Tag vergeht, ohne daß man es merkt. 15) Und dann wundert man sich, daß etwas passiert. 16) Man sagt, es sei dort sehr heiß. 17) Man hat euch die Wahrheit gesagt. 18) In diesem Geschäft kann man die tollsten Sachen kaufen! 19) Das hört man alle Tage. 20) Man sagt, daß der Minister morgen ankommen wird. 21) Man wird Sie benachrichtigen. 22) Man beklagt sich über ihn. 23) Man sagt, daß viele Soldaten in der Schlacht verwundet worden sind. 24) In dieser Stadt kennt man ihn schon. 25) Er mag nicht, daß man ihm schmeichelt. 26) Man hat mich bestohlen! 27) Das tut man nicht. 28) Von hier aus kann man die Stadt sehen. 29) In unserem Viertel sagt man, daß die Preise steigen werden. 30) Diese Blumen kann man in Spanien nicht finden. 31) Wie schreibt man dieses Wort? 32) Was muß man tun, wenn man sich verbrannt hat? 33) Man nehme ein Pfund Mehl... 34) Man kann schließlich nicht überall sein. 35) Man unterscheidet im Spanischen zwei Arten von Personalpronomen: betonte und unbetonte. 36) In diesem Unterricht kann man nicht einmal eine Sekunde zur Ruhe kommen! 37) Hier langweilt man sich überhaupt nicht. 38) Man fügte dem Text eine Übersetzung bei. 39) Es heißt/Man sagt, daß die Gefahr das Zusammengehörigkeitsgefühl fördere.

B. Das Demonstrativpronomen (s. Gil/Banús, I.5.4.)

Grammatik

1. *Formen*

a) *este:* räumliche und/oder zeitliche Nähe zum Sprecher

Bsp.: Esta carta la he recibido esta mañana.
(= Diesen Brief hier habe ich heute morgen bekommen.)

b) *ese:* – räumliche und/oder zeitliche Nähe zum Angesprochenen
– pejorative Bedeutung (dieser da)

Bsp.: – Ese libro que tienes en la mano me lo quería haber comprado también yo.
(= Dieses Buch, das du gerade in der Hand hältst, wollte ich mir auch gekauft haben.)
– Ese gato es malicioso y traicionero.
(= Der Kater da ist tückisch und gemein.)

c) *aquel:* – räumliche und/oder zeitliche Entfernung zum Sprecher
– Gegenüberstellung *este* – *aquel*

Bsp.: – Aquellos años de mi juventud en España no los olvidaré jamás.
(= Jene Jahre meiner Jugend in Spanien werde ich nie vergessen.)
– Esta casa es más bonita que aquella.
(= Dieses Haus ist schöner als jenes.)

2. *Stellung*

Während im Deutschen zwei Demonstrativpronomen vor einem Substantiv stehen können, steht im Spanischen das eine vor, das andere hinter dem Substantiv.

Bsp.: dieses und jenes Haus
(= esta casa y aquella)

3. *Konkordanz*

Das deutsche Demonstrativpronomen „das" am Satzanfang kann verschiedene Bezugspunkte haben:

a) ein darauffolgendes Substantiv. Im Spanischen steht hierfür éste (bzw. ése), ésta, éstos, éstas, in Übereinstimmung mit dem darauffolgenden Substantiv.

Bsp.: *Das* ist der einzige Fall, der mir bekannt ist.
(= *Este* es el único *caso* que yo conozco.)

b) eine eben gemachte Aussage. Im Spanischen steht hierfür *esto* bzw. *eso*.

Bsp.: Er hat mir immer geholfen. *Das* ist wahr.
(= Siempre me ha ayudado. *Esto* es verdad.)

Übungen

I. Übersetzen Sie:

1) Dieses Bild ist das schönste, das ich je gesehen habe. 2) Dieser Mann, von dem du mir gestern erzählt hast, ist verhaftet worden. 3) Das ist nicht wahr! 4) Dieser Pullover hier ist viel schöner als der da. 5) Überleg dir gut, ob du dieses oder jenes Auto kaufst! 6) Ich mußte sein Auto zur Tankstelle schieben. Das war die Höhe! 7) Dieser Baum vor deinem Haus ist eine Erle, stimmt's? 8) Gestern wurde eine englische Wanduhr versteigert. Das war die teuerste Uhr überhaupt. 9) Diese Jungen da auf der anderen Straßenseite sind die Söhne des Bürgermeisters. 10) Er hat ihr ein Beinchen gestellt. Das war eine Gemeinheit. 11) Dort drüben steht ein großer Bungalow. An der Eingangstür dieses Hauses hängt ein Schild „Zu vermieten". 12) Das war das Klügste, was er tun konnte. 13) Wie heißt dieses Café, in dem wir gestern waren? 14) Das war das köstlichste Essen, das mir je aufgetischt wurde. 15) Er sagte, er habe es selbst gemacht. Das ist eine Lüge. 16) Dies ist eine der längsten

Straßen in Frankfurt. 17) Das Auto dort am Straßenrand ist meins. 18) Sie hat gestern ihren Führerschein bestanden. – Das ist ein Wunder! 19) Das war der schönste Tag in ihrem Leben. 20) Wo liegt diese Stadt, von der du mir erzählt hast? 21) Herr García hat zwei Söhne. Jorge lebt in Barcelona, Carlos in Alicante. Jener ist Tierarzt, dieser Chirurg. 22) Das ist meine Uhr, nicht deine! 23) Das ist eine Unverschämtheit.

II. Setzen Sie das entsprechende Demonstrativpronomen ein:

1) ¡Nos quedamos aquí! _____ es un sitio agradable para merendar. 2) !_____ es la solución! 3) No es de _____ de lo que quería hablarte, es de _____. 4) Ha vuelto a llamar _____ Rodríguez. 5) ¿Conoces a _____ señores que van por allí? 6) Sí, _____ es mi vecino y _____, el mejor abogado de la ciudad. 7) _____ vino que estás bebiendo es mejor que _____ que tomamos hace un año. 8) _____ hongos son comestibles, _____ no. 9) Recuerdo el primer día de junio; _____ día partimos para Barcelona. 10) _____ de los pronombres demostrativos no es tan difícil como creía.

C. VERWENDUNG DES ARTIKELS BEI INDEFINITPRONOMINA (s. Gil/Banús, I.1.1.)

Grammatik

1. Vor „otro" und „medio" steht –im Unterschied zu den deutschen „ein anderer", „ein halber"- kein unbestimmter Artikel:

Bsp.: – ein anderes Mal: otra vez
– eine halbe Stunde: media hora

2. „Todo": – „ganz"
– „jeder"

Im Spanischen spielt die Artikelverwendung eine wichtige Rolle für die jeweilige Bedeutung.

Bsp.: – todo el mundo/el mundo entero: die ganze Welt
– toda España: ganz Spanien
– todo hombre: jeder Mensch

Aber:
– cada hombre: jeder einzelne Mensch
– cualquier hombre: jeder beliebige Mensch

3. „Cierto" = „ein gewisser"

a) *auf Personen bezogen:*
- „cierto"

Bsp.: cierto soldado
(= ein gewisser Soldat)
- „un tal" (vor Eigennamen)

Bsp.: un tal Rodríguez
(= ein gewisser Rodríguez)

b) *auf andere Substantive bezogen:*
„(un) cierto"

Bsp.: una cierta cantidad
(= eine gewisse Menge)

Übung

Übersetzen Sie:

1) Mit einer halben Mannschaft kann man unmöglich eine andere besiegen. 2) Noch einen halben Kilometer, und wir haben es geschafft. 3) Ein anderer kann das bestimmt schneller. 4) Jeder (Mensch) hat das Recht auf ein menschenwürdiges Leben. 5) Wir haben ihm die ganze Arbeit abgenommen, jeder von uns hat mit angepackt; dafür hat er uns dann von ganzem Herzen gedankt. 6) Jeder Tag ist gut, um dich ihm vorzustellen. 7) Gestern hat ein gewisser Meier angerufen und nach dir gefragt. 8) In gewisser Hinsicht hat er ja recht. 9) Eine gewisse Menge Geld mußt du schon investieren. 10) Das ist das Zitat eines gewissen Politikers. 11) Diese Arbeit muß in einer gewissen Zeit fertig sein. 12) Die ganze Stadt bereitet sich auf den Besuch des Politikers vor, jeder auf seine Weise. 13) Ein gewisser Müller hat angerufen und gefragt, ob er den ganzen Betrag überweisen soll. 14) Hast du nicht ein anderes Wörterbuch? Hier stehen nicht alle Wörter drinnen, die ich suche. 15) Es gibt gewisse Dinge, die sich nicht ändern lassen. 16) Sie geht für ein ganzes Jahr nach Amerika. 17) Ein gewisser Politiker hat durchgesetzt, daß alle Exportartikel teurer werden. 18) Jedes einzelne Mitglied ist zur Versammlung erschienen. 19) Ein gewisser Duft nach Weihnachten liegt in der Luft. 20) Es gibt gewisse Leute, die glauben einem wirklich jede Geschichte. 21) Letztes Jahr sind sie durch ganz Spanien gereist, um sich einen anderen Eindruck von diesem Land zu machen. 22) Es fehlt nur noch eine gewisse Kleinigkeit, dann ist das ganze Haus fertig. 23) Jeder gebildete Mensch muß das wissen. 24) Dieses Werk hebt sich in gewissem Sinne von den anderen seiner Zeit ab. 25) Ich habe ihm die ganze Zeit mit aller Aufmerksamkeit zugehört; ein anderer hätte das nicht geschafft. 26) Die Lehrlinge sind den ganzen Tag im Büro; um besser arbeiten zu können, haben sie für eine halbe Stunde alle Fenster geöffnet. 27) Ein gewisser Grundsatz besagt, daß vor dem Gesetz alle Menschen gleich sind. 28) Ein

gewisser Herr, dessen Namen ich nicht erwähnen möchte, hat beim Pokern innerhalb einer halben Stunde sein ganzes Vermögen verloren. 29) Gib mir bitte eine andere Tasse, diese hier hat nur einen halben Henkel.

D. Stellung der unbetonten Personalpronomina

Grammatik

1. Im Deutschen steht grundsätzlich das Akkusativ- vor dem Dativpronomen.

Bsp.: (1) Ich sage es dir.
(2) Ich stelle sie euch vor.
(3) Es war Antonio, der dich mir vorgestellt hatte.

2. Im Spanischen stehen die unbetonten Pronomina in folgender Reihenfolge: 2. Person vor der 1. und diese beiden vor der 3. Das Pronomen „se“ steht allen anderen voran. Also:

1.	2.	3.	4.
se	te	me	le/les
	os	nos	la/las
			lo/los

Bsp.: (1) Te lo digo.
(2) Os la presenta.
(3) Fue Antonio el que te me presentó.

3. Die Kasusfolge ist allerdings nicht immer die gleiche.
Wenn die 3. Person der 2. oder der 1. folgt, ist die Kasusfolge *Dativ – Akkusativ*.

Bsp.: *Dativ*	*Akkusativ*	
- Te	lo	digo.
- Os	la	presenta.
- Me	los	presenta.

(= – Ich sage es dir.
– Er stellt sie euch vor.
– Er stellt sie mir vor.)

Wenn die 1. Person der 2. folgt, ist die Kasusfolge *Akkusativ – Dativ*.

Bsp.: *Akkusativ*	*Dativ*	
- Te	me	presentan.
- Os	nos	presentaron.

(= – Sie stellen dich mir vor.
– Sie stellten euch uns vor.)

Vermerkt sei allerdings, daß solche Pronomina-Kombinationen der 2. und 1. Person aus semantischen Gründen relativ selten vorkommen. Sie tauchen im Spanischen eher bei *dativus ethicus* auf (= zur Bezeichnung einer Person, die nicht direkt an der Handlung teilnimmt, aber innerlich an ihr interessiert ist), was nicht immer eine deutsche Entsprechung hat.

Bsp.: ¡Que te me portes bien esta noche en la fiesta!
(= Daß du dich mir ja anständig benimmst auf dem Fest heute abend!)

4. Bei Veränderung dieser Reihenfolge steht der Dativ hinter dem Verb und wird mit der Präposition „a" eingeleitet.

Bsp.: – Me presentan a ellos.
(= Man stellt mich ihnen vor.)
– Me presentan a ti.
(= Man stellt mich dir vor.)

Übungen

I. Ersetzen Sie das direkte und indirekte Objekt durch die entsprechenden Pronomina:

1) Los políticos regalan bolígrafos a los pasantes con el emblema del partido. 2) El periodista lleva el periódico todos los días a su familia. 3) El jefe me presentó ayer a los nuevos clientes. 4) La ley nos reconoce el derecho a la huelga. 5) Los vecinos de este pueblo alquilan muchas casas a los turistas. 6) La secretaria escribe una carta a los clientes. 7) Antonio te recomendó el nuevo club de tenis. 8) Antonio te recomendó a su jefe de ventas. 9) En el restaurante dimos una buena propina al camarero. 10) Mi marido me compró por fin ese abrigo de pieles.

II. Übersetzen Sie:

1) Daß du dich (mir) bloß anständig benimmst! Mach nur keinen Unsinn! 2) Er zieht dich uns immer in allem vor. 3) Er zieht mich dir immer in allem vor. 4) Er hat dich mir noch nicht vorgestellt. 5) Erinnerst du dich noch? Damals fielst du uns von der Leiter und fingst furchtbar an zu weinen. 6) Er stellt dich uns immer als Vorbild hin. 7) Mit dir kann ich auf keine Feier gehen. Du schläfst mir ja schon um 10 Uhr ein! 8) Unser Chef hat euch uns wärmstens empfohlen.

V. DIE PRÄPOSITION

Grammatik

A. Die Präpositionen „por" und „para" (s. Gil/Banús, I.6.2.)

Die wichtigsten spanischen Entsprechungen von „für" lassen sich wie folgt zusammenfassen (s. Gil/Banús, I.6.2.D):

1. „para":
a) *Zweck, Bestimmung*
Bsp.: Este regalo es para ti.
(= Dieses Geschenk ist für dich.)
b) *genauere Zeitraumangabe*
Bsp.: Voy a la Argentina para tres semanas.
(= Ich fliege für drei Wochen nach Argentinien.)
c) *Verhältnis, Entsprechung*
Bsp.: Es muy alto para su edad.
(= Er ist sehr groß für sein Alter.)

2. „por":
a) *Beweggrund*
Bsp.: Hago esto por ti.
(= Ich mache das für dich.)
b) *ungenaue Zeitraumangabe*
Bsp.: Voy a la Argentina por tres semanas.
(= Ich fliege für (etwa) drei Wochen nach Argentinien.)
c) *Tausch*
Bsp.: Le di por la gorra que había perdido otra.
(= Ich gab ihm für seine verlorene Mütze eine andere.)
d) *Preisangabe*
Bsp.: Le dejo el cuadro por 10 marcos.
(= Sie können das Bild für 10 DM haben.)

B. Wendungen mit „por" und „para":

1.	Yo, por mi parte	Ich für meinen Teil
	Por de pronto	Fürs erste

V.A./B.

Esto no es nada para mí	Das ist nichts für mich
Ir por algo	Etwas holen gehen
Salimos para Madrid.	Wir fahren nach Madrid ab.

2. Die Präposition „por" steht als *Rektion* mancher Verben und Substantive:
Bsp.: – Lucha por el primer puesto.
(= Er kämpft um den ersten Platz.)
– No siente nada por ella.
(= Er hat nichts für sie übrig.)
– Siente simpatía por ellos.
(= Er empfindet Sympathie für sie.)

3. Manchmal muß der Kontext klären, ob „por" „en favor de" oder „en lugar de" heißt:
Bsp.: Habló en la reunión por su tío.
(= In der Versammlung sprach er für seinen Onkel/an Stelle seines Onkels.)

4. – ***Estar por + Infinitiv*** kann bedeuten:
a) *Verpflichtung, etwas zu tun.*
Bsp.: El trabajo está todavía por hacer.
(= Die Arbeit muß noch erledigt werden.)
b) *Neigung, etwas zu tun.*
Bsp.: Estoy por irme a pasear hoy.
(= Ich habe Lust, heute spazierenzugehen.)
– ***Estar para + Infinitiv*** heißt *kurz davor sein, etwas zu tun.*
Bsp.: Manolo está para marcharse.
(= Manolo ist auf dem Sprung wegzugehen.)

Übungen

I. Übersetzen Sie:

1) Dieser Brief hier ist für dich. 2) Für den November ist viel Regen angesagt. 3) Deinetwegen bin ich gestern zu Hause geblieben. 4) Sie lernt die ganze Grammatik, um die Prüfungen zu bestehen. 5) Letztes Jahr sind sie durch ganz Spanien gereist. 6) Er muß gleich kommen. 7) Das Abendessen muß noch gemacht werden. 8) Dieses Haus ist noch zu vermieten. 9) Dieses Haus ist nur zu vermieten, nicht zu verkaufen. 10) Am Sonntag reisen wir nach München ab. 11) Wir fahren dann über Würzburg. 12) Hier, trink das, das ist gut für den Husten. 13) Ich brauche mindestens zwei Stunden, um das zu übersetzen. 14) Er arbeitet hart, um sich das Motorrad leisten

zu können. 15) Er kann es für 1000 DM bekommen. 16) Ich gehe für drei Jahre ins Ausland. 17) Sie fahren für (genau) zwei Wochen nach Hamburg. 18) Die Kirche hatte an die Gemeinde einen Spendenaufruf für die Unterstützung der Armen ergehen lassen. 19) Der Bürgermeister hatte 200 DM für diesen Zweck gegeben. 20) Juan hatte nichts für Manolita übrig. 21) Das solltest du zu deiner Verteidigung hervorbringen. 22) Um nichts in der Welt würde ich jetzt hinausgehen, denn ich habe schreckliche Angst vor Gewittern. 23) Wir arbeiten, um zu leben, aber wir leben nicht, um zu arbeiten.

II. Setzen Sie „por" oder „para" ein:

1) Estoy _____ irme a la piscina; hace un calor enorme. 2) Aplazamos la fiesta _____ la semana que viene. 3) El padre mandó al hijo (a) _____ vino. 4) _____ aprobar el examen tienes que estudiar mucho. 5) Todos los presentes votaron _____ él. 6) No tenemos nada _____ el desayuno; por favor, baja _____ algo de pan a la panadería. 7) Mañana _____ la mañana le haremos una visita _____ darle la enhorabuena _____ el éxito de su nuevo libro. 8) Viajaron _____ todo el país _____ encontrarle. 9) _____ lo general, tienes que pagar mucho más _____ un coche así. 10) _____ ser sincero, llegamos tarde _____ mi culpa. 11) Este libro fue escrito _____ nosotros, _____ ayudar a los estudiantes en el estudio de la gramática española. 12) _____ decirte la verdad: no puedes tomarle _____ el mejor en el equipo. 13) _____ fin, doy mi labor _____ cumplida. 14) Algunos estudiantes alemanes podrían pasar _____ españoles, pues hablan ya muy bien. 15) Puesto que Juan no tiene mucho tiempo, voy a comprar _____ él un regalo _____ su hermana. 16) _____ llegar a la estación, pase Vd. _____ aquí. 17) Este barco zarpa _____ Bombay; pasará _____ el Cabo de Buena Esperanza; su travesía durará unas semanas. 18) _____ mí no es necesario que haya nieve _____ Navidades _____ tener sensación navideña. 19) Viajó _____ todo el país y luego la encontró _____ Colonia de pura casualidad. 20) _____ el catarro tiene Vd. que tomar esta medicina _____ la mañana y _____ la tarde _____ que no se haga crónico. 21) Este libro es _____ María que es muy inteligente _____ su edad. 22) Va al extranjero _____ dos años _____ adquirir práctica como intérprete. 23) Mañana saldremos _____ Barcelona. No vamos a viajar en avión sino en tren; mi marido ha hecho todo lo posible _____ hacerme cambiar de opinión, pero yo no entraré jamás en un avión _____ miedo a un accidente mortal. 24) El acusado fue absuelto _____ falta de pruebas. 25) No dejes _____ mañana lo que puedas hacer hoy. 26) Este puente fue dinamitado _____ los alemanes _____ que los enemigos no pudieran atravesar el río. 27) _____ la ventana veo que Jorge no va _____ la acera sino _____ el medio de la calle. 28) La abuela nos llamó _____ teléfono y dijo que vendría y se quedaría con nosotros unos días _____ ayudarnos a empapelar la habitación. 29) Cada día _____ la mañana tenemos que darnos prisa _____ no llegar tarde a la oficina. 30) Tengo que trabajar

mucho _____ aprobar el examen, pero no puedo concentrarme _____ el ruido de los obreros en la casa de enfrente. 31) Están _____ salir hacia España pero primero tienen que cambiar algunos marcos _____ pesetas. 32) He encontrado una buena habitación, _____ la que sólo tengo que pagar 400 marcos _____ mes. 33) _____ estar enfermo el artista, su hijo toca el piano _____ él. 34) Estoy _____ vender mi coche _____ falta de dinero, pero, _____ fortuna, ya tengo bastante dinero _____ comprar una bicicleta. 35) No entendéis nada. ¡Eso es _____ volverse loco! 36) Si vamos al teatro esta tarde es sólo _____ ti; yo no tengo la menor gana de salir a la calle.

C. Die Präposition „bei" und ihre spanischen Entsprechungen (s. Gil/Banús, I.6.3.)

Grammatik

Die spanischen Entsprechungen der deutschen Präposition „bei" sind mannigfaltig. Manchmal sind nur Übersetzungen mit ganzen Wendungen möglich, aber einige Wendungen von „bei" lassen sich im Hinblick auf die Wiedergabe ins Spanische wie folgt systematisieren:

1. *lokale Bedeutung*

a) geographische Angaben: „(cerca) de"

Bsp.: – Vicálvaro liegt bei Madrid.
(= Vicálvaro está *cerca de* Madrid.)
– die Schlacht bei Munda
(= la batalla *de* Munda)

b) persönlicher Bereich: „con", „en casa de"

Bsp.: – Manolo wird heute bei dir sein.
(= Manolo estará hoy *contigo*.)
– Wir treffen uns heute bei Schmidt (Adresse).
(= Hoy nos reunimos *en casa de* Schmidt.)

c) volkswirtschaftlicher Bereich: „en"

Bsp.: – Antonio ist bei dieser Firma angestellt.
(= Antonio está empleado *en* esa empresa.)
– Beim Metzger gibt es heute ein Sonderangebot.
(= *En* la carnicería hay hoy una oferta especial.)

2. *temporale Bedeutung*

– beim ersten Anblick	a primera vista
– beim Morgengrauen	al amanecer
– beim Schreiben	al escribir

etc.

Bsp.: Beim Eintritt des Dozenten wurde es still.
(= *Al* entrar el profesor se callaron todos.)

3. *modale/konditionale Bedeutung*

– bei Kerzenlicht	a la luz de una vela
– bei Feueralarm	en caso de alarma de incendio
– bei Strafe von 50 DM	bajo multa de 50 marcos
– bei diesem Wetter	con este tiempo

Bsp.: – Bei schönem Wetter können wir es machen.
(= *Con* buen tiempo podremos hacerlo.)
– Bei gleicher Qualifikation wird der Schwerbehinderte eingestellt.
(= *En* igualdad de condiciones se dará el puesto al minusválido.)

4. *modale/konzessive Bedeutung*

– bei alledem	con todo/a pesar de todo
– bei aller Liebe, aber...	lo siento en el alma, pero...

Bsp.: Bei aller Vorsicht konnte er das Unglück nicht verhindern.
(= A pesar de sus precauciones no pudo evitar el accidente.)

Übungen

I. Setzen Sie die Präposition ein und übersetzen Sie ins Deutsche:

1) Ella tomó _____ la mano a su hijo y atravesó la calle. 2) ¿Tienes _____ mano el diccionario alemán-español? 3) _____ necesidad pediremos más ejemplares. 4) Ya _____ los antiguos romanos gozaban estas comedias de gran popularidad. 5) Le llamamos _____ su nombre de pila. 6) Esto ocurre con frecuencia _____ los niños. 7) Suele dormir hasta en el más frío invierno _____ la ventana abierta. 8) _____ su desgracia tuvieron suerte, ya que el marido no perdió su empleo. 9) ¿Puedo examinar la tela _____ la luz del día? 10) _____ esta luz no hay quien pueda ver nada. 11) _____ las comidas suelen hablar de los temas de actualidad. 12) Muchos hombres murieron _____ el sitio de Zaragoza. 13) Esta frase la encontramos _____ Gracián. 14) Es embajador _____ la Santa Sede. 15) Algunos estudiantes ayudan _____ el inventario para ganarse unos marcos.

II. Übersetzen Sie:

1) Es bleibt bei unserer Vereinbarung: wir treffen uns morgen abend bei dir. 2) Bedank dich nicht bei mir dafür! 3) Das können wir besser bei einem Glas Wein besprechen. 4) Du mußt unbedingt einmal Berlin bei Nacht erleben! 5) Sie fuhren schon bei Tagesanbruch los und kamen erst bei Einbruch der Dunkelheit zurück. 6) Er ist bei seinen Großeltern aufgewachsen. 7) Wir fanden sie alle bei guter Laune. 8) Das habe ich im Keller beim Aufräumen gefunden. 9) Bei Goethe lesen wir: ... 10) Bei Basel wendet sich der Rhein nach Norden. 11) Er hatte wieder einmal keine Schlüssel bei sich; bei dem Versuch, über den Balkon in seine Wohnung zu gelangen, fiel er von der Leiter und brach sich den linken Arm. 12) Sie können mit dem Verletzten sprechen, er ist wieder bei Bewußtsein. 13) Bei genauem Hinsehen erkennt man, daß es sich um zwei verschiedene Stücke handelt. 14) Mit der Schlacht bei Guadalete im Jahre 711 setzte die mohammedanische Invasion ein. 15) Bei all seiner Vorsicht konnte er nicht verhindern, daß man ihm die Brieftasche stahl. 16) Bei einem Anstieg um 76.008 waren zum Monatsende 1.949.680 Männer und Frauen ohne Beschäftigung. 17) Bei seinen Erklärungen ging der Minister auf diesen Punkt nicht ein. 18) Ein vergoldeter Rolls-Royce aus dem Jahre 1912 ist am Montag bei Sotheby's in London versteigert worden. 19) Bei mehreren Nachrichtenagenturen ging gestern ein Selbstbezichtigungsschreiben ein, in dem sich ein Kommando der Rauschgiftmafia zu dem Anschlag bekennt. 20) Fahrer, die gefährliche Güter transportieren, müssen einen Lehrgang besuchen, in dem sie über Gefahren und Sofortmaßnahmen bei einem Unfall unterrichtet werden.

III. Übersetzen Sie folgende Wendungen:

a)

1) Bleiben wir bei unserem Thema! 2) Um bei der Wahrheit zu bleiben, ... 3) Ich bin etwas knapp bei Kasse. 4) Er ist nicht bei Sinnen. 5) Man muß das Kind beim rechten Namen nennen.

b)

1) Me dejaron con las ganas. 2) Todo sigue como antes. 3) La ocasión la pintan calva. 4) Te tomo/cojo la palabra.

D. Präposition und Rektion von Verb und Nomen (s. Gil/Banús, I.6.7.)

Grammatik

Die Rektion der Verben, Adjektive und Substantive ist im Deutschen und im

Spanischen unterschiedlich. Im Spanischen ist darüber hinaus zu beachten, daß ein von einem Adjektiv oder Substantiv abhängiger Satz immer mit Präposition eingeleitet werden muß (hierzu siehe *Präpositionale Attributivsätze* XI.A.3.).

Rektionsmuster:

1. *Verb und Präposition*

Bsp.: – Wir *spielen* Schach.
(= *Jugamos al* ajedrez.)
– Sie *träumen von* der guten, alten Zeit.
(= *Sueñan con* los buenos tiempos pasados.)

2. *Adjektiv und Präposition*

Bsp.: – Das ist *entscheidend für* die Gesetzgebung.
(= Esto es *decisivo para* la legislación.)
– Ich sehe mich *genötigt*, den Rechtsweg zu beschreiten.
(= Me veo *obligado a* recurrir a la justicia.)

3. *Substantiv und Präposition*

Bsp.: – Er hat eine unwiderstehliche *Neigung zu* Glücksspielen.
(= Tiene una *tendencia* irresistible *a* los juegos de azar.)
– Das ist eine ausgezeichnete *Gelegenheit*, ihn darum zu bitten.
(= Esta es una *ocasión* excelente *para* pedírselo.)

Übungen

I. Setzen Sie die Präposition ein:

a)

1) _______ la abundancia del corazón habla la boca. 2) Se discute _______ el sentido de esta cláusula. 3) Nos quedaremos sentados aquí hasta que accedan _______ lo que pedimos. 4) Se aboga con ardor _______ esta idea. 5) El hijo abusó _______ la bondad de su padre. 6) El profesor se entrevista _______ los colegas. 7) Aquella región en el norte de España abunda _______ vinos. 8) Basta _______ un litro de vino para la comida.

b)

1) El catalán es un idioma afín _______ el provenzal. 2) Es preciso que la traducción esté conforme _______ el original. 3) Este remedio es bueno _______ la tos. 4) Checoslovaquia es un país que reúne los territorios históricos de Bohemia, Moravia, Silesia y Eslovaquia y está situado _______ el centro de Europa. 5) Este lugar es accesible _______ el público. 6) Toda la vitrina del negocio está ocupada _______ productos alimenticios de consumo inmediato, bebidas, galletas, conservas. 7) García Márquez, al recibir el Premio Nobel, vestía el traje típico _______ su país. 8) Es una

persona que llama a las cosas por su nombre, fiel _______ la norma y respetuoso _______ sus contrincantes.

c)

1) Le ha dado la manía _______ coleccionar llaveros. 2) Tenemos el derecho _______ participar en los beneficios. 3) Los estudiantes alemanes han hecho amistad _______ sus compañeros de Sevilla. 4) La causa _______ el descarrilamiento del tren rápido está aún por descubrir. 5) Está comprobada su complicidad _______ el delito. 6) Rompemos inmediatamente toda relación comercial _______ esta empresa. 7) Tiene problemas _______ la adaptación _______ el clima.

II. Setzen Sie die Präpositionen ein und übersetzen Sie ins Deutsche:

1) Busco un libro adecuado _______ un niño de diez años. 2) Mostró un interés extraordinario _______ este tema. 3) Marina no parecía estar ducha _______ cuestiones de tauromaquia. 4) La mujer se dirigió _______ la casa. 5) En casa estaban todavía completamente ajenos _______ el suceso. 6) Están acostumbrados _______ levantarse temprano. 7) Ella confía plenamente _______ su buena estrella. 8) El médico le ha recomendado que se abstenga en lo posible _______ el alcohol. 9) De pura alegría _______ verse después de tantos años, se han olvidado por completo _______ el asado en el horno. 10) El acusado tiene garantía _______ previa audiencia. 11) Tenía compasión _______ él, aunque no lo merecía.

III. Setzen Sie – wo erforderlich – die Präposition ein und übersetzen Sie:

1) ¿Por qué te enfadas _______ el menor motivo? – No iré a ver a Paco hoy, estoy enfadado _______ él.

2) María cambia el anillo _______ una cadena. – Esperad un momento, sólo me voy a cambiar _______ camisa.

3) Esta solución es agradable _______ todos. – Esto es agradable _______ oír.

4) Tengo plena confianza _______ Vd. – Yo le conozco, pero no tengo confianza _______ él.

5) Cuando me preguntó el examinador, no acerté _______ decir palabra. – No acertó _______ la plaza donde estaba el monumento. – Este muchacho ha nacido de pie, acierta _______ todo.

6) Juan conviene con Rosario _______ que irá a recogerla a las siete de la tarde. – Conviene _______ reservar un asiento a tiempo. – Nunca convendré _______ ello.

7) Te cojo _______ la palabra. – La madre cogió _______ la oreja a su hijo porque le había cogido _______ una mentira.

8) Correrá _______ su perdición. – ¿Sabe Vd. que corre _______ un gran riesgo? – Eso corre _______ mi cuenta. – Carmen corrió _______ todo.

9) Me caigo _______ sueño. – El pueblo donde estuvimos el año pasado cae _______ la parte de Alicante. – No caigo _______ el nombre. – Los moros cayeron _______ el país.
10) Ayer di por pura casualidad _______ un artículo interesante sobre el tema. – El balcón de su habitación da directamente _______ el mar. – Has dado _______ el nervio del asunto. – Pere dio violentamente con la cabeza _______ el armario. – Con esto doy _______ terminada la sesión.

IV. Übersetzen Sie:

1) Wir haben uns sehr über deinen Brief gefreut. 2) Ich werde nicht kommen können, ich bin mit Arbeit überschüttet. 3) Sie nehmen das Flugzeug nach Spanien, um am Sommerkurs im Escorial teilzunehmen. 4) In Basel müssen wir in einen anderen Zug umsteigen. 5) Das Volk ist bereit, für seine Freiheit zu kämpfen. 6) Die Schiffbrüchigen klammern sich an umhertreibenden Schiffsteilen fest. 7) Das ist noch gar nichts im Vergleich zu dem, was mir gestern passierte. 8) Dein Verhalten ihm gegenüber läßt viel zu wünschen übrig. 9) Er zeigt eine große Vorliebe für kulinarische Genüsse. 10) Der Anwalt bezweifelt die Übereinstimmung der Kopie mit dem Original. 11) Er leidet an einer unheilbaren Krankheit. 12) Er hat eine tiefe Abneigung gegen Medikamente. 13) Wir sind alle betroffen vom Tod dieses großen Mannes. 14) Der neue Geschäftsführer ist zu jedermann freundlich. 15) Der Kassenwart ist aus dem Amt ausgeschieden. 16) Wir wundern uns über diese Entscheidung. 17) Es gibt viele Anwärter auf dieses Amt. 18) Wir setzen unser ganzes Vertrauen auf dich. 19) In den Ritterromanen verzehrt sich der Ritter vor Liebe zu seiner Dame. 20) Vom Ernst des Lebens halb verschont, ist der, der schon in München wohnt.

VI. PARTIKELN

„ERST" UND „SO" (s. Gil/Banús, I.7.4. und I.7.5.)

Grammatik

Die geglückte Übersetzung mancher deutscher Partikeln setzt eine intensive Auseinandersetzung mit dem Ausgangstext voraus, da die Nuancen der deutschen Ausdrücke meistens sehr subtil sind. Ihre Wiedergabe im Spanischen ist manchmal schwierig, da diese Sprache hierfür über keine eigenen systematisierbaren Mittel verfügt. Im folgenden seien lediglich einige Beispiele angeführt. Durch die Übungssätze sollen die wichtigsten Verwendungen von „erst" und „so" exemplarisch behandelt werden.

Bsp.: – Sie bemerkten das entgegenkommende Fahrzeug *erst*, als es schon zu spät war.
(= *No* vieron el vehículo que venía en dirección contraria *hasta que* ya fue demasiado tarde./*Sólo cuando* ya era demasiado tarde vieron el vehículo que venía en dirección contraria.)
– Das muß ich mir *erst* überlegen.
(= Esto tengo que pensármelo bien *antes*.)
– *So* geht es eben, wenn man nicht aufpaßt.
(= *Así* sucede cuando no se tiene cuidado.)
– Das ist *so gut wie* neu.
(= Es *casi* nuevo.)

Übungen

I. „erst": Übersetzen Sie:

1) Erst sagt sie, sie schenke es mir, und dann verlangt sie es zurück! 2) Jetzt behalte ich es erst recht! 3) Erst als er es uns erklärte, verstanden wir es. 4) Er ist ein Langschläfer; er steht immer erst um 10 Uhr auf. 5) Der im Exil lebende Schriftsteller kehrte erst im Oktober 1979 nach Spanien zurück. 6) Erst bei sehr genauem Hinsehen erkennt man, daß es sich um eine Fälschung handelt. 7) Er glaubt es erst, wenn er es mit eigenen Augen gesehen hat. 8) Sie liefern den Schrank erst Ende des Monats. 9) Das macht das alles erst recht kompliziert. 10) Er kann es uns erst am Wochenende genau angeben. 11) Jetzt beruhige dich doch erst einmal! 12) Wenn du es schon mühsam findest, wieviel mehr erst wir! 13) Erst kürzlich haben wir ihn in der Stadt getroffen. 14) Er ist erst seit drei Monaten in Deutschland. 15) Max Aub traf erst 4

Jahre nach seiner Ankunft in Mexiko wieder mit seiner Familie zusammen. 16) Erst wenn ich dich einmal besiegt habe, gebe ich mich zufrieden. 17) Er hat schon zwei bedeutende Turniere gewonnen, dabei ist er erst 17 Jahre alt! 18) Das hast du mir doch erst gestern erzählt!

II. „so": Übersetzen Sie:

1) Die Zeiten ändern sich nicht einfach so. 2) Soviel ist gewiß: hier bleibe ich keinen Tag länger. 3) Das habe ich nur so gesagt. 4) Sie hatte so eine Ahnung, daß irgendetwas schiefgehen würde. 5) So schwer es mir auch fällt, ich werde es versuchen. 6) Wenn ich das getan habe, so nur, um dir zu helfen. 7) Die Sitzung verlief nicht so, wie wir es uns dachten. 8) Nicht daß sie keine Lust hätten; es ist nur so, daß sie schon etwas anderes vorhaben. 9) Man weiß nie, woran man mit ihm ist, er spricht mal so, mal so. 10) Er sagt es so, daß es wahr erscheint. 11) Und du glaubst so einen Unsinn? 12) Ich habe so gut wie nichts verstanden. 13) Wie lange müssen wir noch warten? – So fünf Minuten. 14) Solltest du verhindert sein, so gib uns Bescheid. 15) Was hast du dagegen? Die anderen machen es doch auch so. 16) Er tat es einfach so..., ohne Grund. 17) Sie sind nicht so dumm, das zu glauben. 18) Das sagt sich so leicht. 19) Die Literatur des frühen Mittelalters ist überwiegend orale Literatur; so kommt es, daß nur wenige Werke überliefert sind. 20) Das weiß man einfach so. 21) Mach dir keine Sorgen. Er kann sowieso nicht kommen.

III. Übersetzen Sie ins Deutsche mit „erst" oder „so":

1) Si haces mal, espera otra tal. 2) Acaba de llegar ahora mismo. 3) No te dejo salir así a la calle. ¡Abrígate antes de salir! 4) Hasta llegar al hotel no se dieron cuenta de que se habían equivocado de maleta. 5) No hay que tomarlo tan al pie de la letra. 6) ¿No tiene más que diez meses y ya sabe andar tan bien? 7) No le conocemos más que desde hace dos días. 8) El congreso no tendrá lugar antes del 10 de agosto; hasta entonces tenemos aún tanto tiempo. 9) Así fueron pasando los años. 10) Si este cuadro le gusta ya tanto, ¿qué dirá del próximo? 11) ¿Quién me hubiera dicho que ya sé hablar español tan bien, cuando lo llevo estudiando sólo un semestre? 12) Pero hombre, piensa primero un poco antes de decir esas tonterías. 13) No me daré por satisfecho hasta que el último lo haya comprendido. 14) No dejes que las cosas lleguen tan lejos. 15) El contrato está ya prácticamente firmado. 16) Hoy tengo un día negro: primero me olvido la bolsa de la compra llena de cosas y luego me roba un tío sinvergüenza el monedero.

VII. DIE NEGATION (s. Gil/Banús, I.8.)

Grammatik

A. Stellung der Verneinungspartikeln

1. Während im Deutschen häufig das entsprechende Nomen verneint wird, steht im Spanischen die Negation vor dem Verb.

Bsp.: – Heute habe ich *keine Zeit*.
(= Hoy *no* tengo tiempo.)
– *Niemand* weiß es.
(= *No* lo sabe *nadie*./*Nadie* lo sabe.)

Aber: Bei adversativen Gegenüberstellungen kann auch im Spanischen das Nomen verneint werden, wenn der Gegensatz hervorzuheben ist.

Bsp.: Se lo dijo *no a él*, sino a ella.
(= Er sagte es *nicht ihm*, sondern ihr.)

2. *Besonderheiten:*

a) Nachgestelltes „ni siquiera" kann das „ni" oder das „siquiera" verlieren.

Bsp.: *No* le dio *siquiera* un marco bzw. *No* le dio *ni* un marco.
(= Er gab ihm nicht einmal eine Mark.)

Beachte: In positiven Sätzen heißt „siquiera" „wenigstens", wobei aber auf den idiomatischen Gebrauch zu achten ist.

Bsp.: ¡Dame siquiera un marco!
(= Gib mir wenigstens eine Mark!)

b) Nachgestelltes „alguno" bewirkt in verneinten Sätzen eine verstärkte Negation:

Bsp.: *No* tiene amigo *alguno*.
(= Er hat *keinen einzigen* Freund.)

c) „Jamás" in positiven Sätzen heißt „je(mals)", sonst „nie(mals)".

Bsp.: – ¿Ha salido *jamás* de la aldea?
(= Hat er *je(mals)* sein Dorf verlassen?)
– *No* ha salido *jamás* de la aldea.
(= Er hat noch *nie* sein Dorf verlassen.)

B. Möglichkeiten der Negation eines einzigen Wortes

1. *Verneinungsadverb „no"*: no todos, la no diversidad

2. *Negative Vorsilben:* – Sp.: in-/im-/ir-, des-/dis-, a-/an- etc.
– Dt.: un-, miß-, (des-), –los, a-

Bsp.: independiente	unabhängig
desaprobar	mißbilligen
desinteresado	desinteressiert
intachable	makellos
ateo	atheistisch

3. *Negative Partikeln und Wendungen:* la falta de/falto de, sin, poco etc.

Bsp.: poco satisfactorio	unerfreulich
sin valor	ungültig
la falta de medios	die Mittellosigkeit

C. Negation durch Wendungen

en la/mi/tu/su etc. vida
en toda mi vida
en lo que tengo/llevo de vida
en el mundo
en todo el día
en toda la mañana/noche
en absoluto (als emphatisch negative Antwort)
Bsp.: – *En lo que llevo de vida* he visto una cosa igual.
(= *Noch nie im Leben* habe ich so etwas gesehen.)
– *En toda la noche* he cerrado un ojo.
(= Ich habe *die ganze Nacht kein* Auge zugemacht.)

D. Besonderheiten der Negation im Vergleich Deutsch – Spanisch:

Im Unterschied zum Deutschen stehen im Spanischen negative Indefinitpronomina:

1. in rhetorischen Fragen
Bsp.: Gibt es *einen* Klügeren als Paul?
(= ¿Hay *nadie* más inteligente que Pablo?)

2. bei Vergleichen als Vergleichsterminus
Bsp.: Peter schmeckt Paella besser als *sonst etwas.*
(= A Pedro le sabe la Paella mejor que *nada.*)

3. nach Verben des Zweifelns, wenn sie einer Verneinung gleichkommen (dudar, ser dudoso), Widerspruchs (resistir, rehusar, rechazar, negar, oponerse, prohibir etc.), der Entbehrung, des Fehlens (quitar, irse, perder, ser una falta de) und in Nebensätzen, die mit „sin" bzw. „sin que" eingeleitet werden.
Bsp.: – Ich bezweifle, daß das *jemand* verstanden hat.
(= Dudo que lo haya comprendido *nadie*.)
– Er leugnet, *jemanden* verraten zu haben.
(= Niega haber traicionado a *nadie*.)
– Sie heult wie ein Schloßhund, ohne daß *jemand* sie beruhigen könnte.
(= Llora como una Magdalena, sin que *nadie* pueda consolarla.)

4. wenn die positiven Indefinitpronomina im Deutschen verneint sind und nach Ausdrücken, die eine Verneinung implizieren, wie „es la última vez que..."
Bsp.: – Er ist so ordentlich, daß er nie *etwas* vergißt.
(= Es tan ordenado que nunca se olvida de *nada*.)
– Das ist das letzte Mal, daß ich *jemandem* mein Auto leihe.
(= Es la última vez que presto el coche a *nadie*.)

5. nach unbestimmten Mengen- und Zeitangaben (z.B. poco, -a, sólo, apenas, demasiado), wenn sie in einem verneinenden Sinn verwendet werden.
Bsp.: Es ist noch zu früh, um schon *jemanden* zu besuchen.
(= Es aún demasiado temprano para ir a ver a *nadie*.)

Das spanische Indefinitpronomen „ninguno, –a" hat im Unterschied zur deutschen Entsprechung „kein(e)" keine Pluralform.
Bsp.: Sie haben keine neuen Ideen.
(= No tienen ideas nuevas./No tienen ninguna idea nueva.)

Übungen

I. Verneinen Sie die folgenden Wörter:

_____cansado, _____conciencia, _____fin, _____finito, _____conformidad, _____contento, _____orgánico, _____medida, _____ventura, _____moral, _____legal, _____real, _____probable, _____culpa, _____enterrar, _____beligerancia, _____tacto, _____normal, _____tratar, _____número

II. Setzen Sie ein: *algo, nada, alguno, alguien, nadie, ninguno, no*

1) Tengo ganas de comprar _____ muy extravagante. 2) No tenía ganas de contribuir

con _____ a nuestra fiesta. 3) Nos sorprende que no nos regale _____. 4) Me alegro de que me haya regalado _____. 5) Me enojó que me hubiera robado _____ _____. 6) Ya he comido _____ mariscos. 7) En mi vida he comido _____ marisco. 8) Ella _____ tiene la menor idea de lo que él habla. 9) Felipe rehusó dejar entrar a _____. 10) Hay que evitar que se repita _____ semejante. 11) Rafael no nos ha escrito carta _____. 12) No sabíamos que ya lo hubiera hecho _____. 13) No hubo negocio _____ en todo el barrio. 14) No hay gente que esté de acuerdo con _____ de lo que dice este político. 15) _____ he oído en mi vida una cosa así. 16) Raramente habla con _____ sobre ese problema.

III. Verneinen Sie die unterstrichenen Wörter und verändern Sie den Satz, wo es nötig ist:

1) *Algo* de lo que dijo era mentira. 2) En el taller vi a *algunos* obreros. 3) *Siempre* hace algo bueno. 4) *Todos* están de acuerdo. 5) El sargento concedió *un* descanso a los soldados. 6) *Siempre* nos prepara algo rico. 7) *Alguien* la ha visto en alguna parte. 8) Va a estudiar *algo* que valga la pena. 9) *Todavía* está en casa. 10) Ha salido *ya*. 11) *Al menos* nos llamó por teléfono. 12) En este campeonato ganarán los alemanes *o* los franceses. 13) Hemos invitado a *algunos* amigos y vecinos.

IV. Verneinen Sie folgende Sätze:

1) Debo preguntarte algo. 2) ¡Ojalá venga alguien! 3) Le han traído una cosa muy útil. 4) En Sevilla conocí a alguien que también era de Alemania. 5) No se comió todo, nos dejó algo. 6) Este abrigo es bueno y cómodo. 7) El chico ha escrito por lo menos una postal. 8) Los invitados están sentados ya a la mesa. 9) El conferenciante está hablando todavía. 10) Creo que se quedó alguien.

V. Übersetzen Sie:

a) Deutsch – Spanisch

1) Vier Staaten unterschrieben den Nichteinmischungspakt. 2) Der Preis erscheint mir keinesfalls unangemessen. 3) Dieser Verbrecher ist ein skrupelloser Mensch. 4) Er hat nun schon drei schlaflose Nächte hinter sich. 5) Sie kämpfen gegen die Nicht-Anerkennung der Menschenrechte in ihrem Land. 6) Das Ergebnis erscheint mir keineswegs außergewöhnlich. 7) Auf dem Tisch lag ein Wörterbuch, nein, ein Grammatikbuch. 8) Ob sie mich schlugen? Nein, geschlagen haben sie mich nicht, aber sie drohten es mir an. 9) Er sagt kein Sterbenswort. 10) Das tut er ganz bestimmt nicht. 11) Hat dich der Verkäufer gut beraten? – Nicht sehr gut. 12) Er brachte den Ball an der Abwehr vorbei, als wäre das gar nichts. 13) Kein Geringerer als der Verkehrsminister hat dieses Verbindungsstück freigegeben. 14) Nachdem ich eine

geschlagene Stunde gewartet hatte, ging ich weg, ohne daß jemand gekommen wäre. 15) Weder Karl noch sonst jemand wußte die Antwort. 16) Daß du mir nur nicht irgendwohin gehst, ohne dir deinen Mantel anzuziehen! 17) Juliana gefällt dieses Kleid besser als sonst etwas. 18) Obwohl ihr alle Matheexperten seid, bezweifle ich, daß einer die Aufgabe lösen kann. 19) Wir haben zwei Austauschschüler aufgenommen; keiner von beiden kann auch nur ein Wort Deutsch.

b) Spanisch – Deutsch

1) No se fueron los dos. 2) ¡Cualquiera entiende esto! 3) No me sorprendería que nadie lo supiera. 4) En su vida se ha cuidado del bienestar de los demás. 5) Es imposible que lo consiga nadie. 6) Rodolfo no está aquí todavía. Rodolfo no está aquí ya. 7) No pienso quedarme yo tampoco. 8) Puede no saberlo. No puede saberlo. 9) No se ha molestado para nada. Se ha molestado para nada. 10) Elvira desenchufa el secador eléctrico. Elvira no enchufa el secador eléctrico. 11) No sólo por su emplazamiento me gusta la casa. No me gusta la casa sólo por el emplazamiento. 12) Me preguntó si jamás había visto nada semejante. No me preguntó jamás si había visto algo semejante. 13) Pocos creen que vote nadie por el candidato presentado. Muchos creen que alguien votará por el candidato presentado.

VI. Übersetzen Sie die Wendungen:

1) ¡Ni pero ni pera! Nos vamos hoy mismo. 2) Esto no es ni fu ni fa. 3) Es un sadista. Golpea a los animales sin ton ni son. 4) Le dio las llaves sin más. 5) Madre no hay más que una. 6) En nada estuvo que saliese mal. 7) Después de que le di el dinero se las piró sin decir oste ni moste. 8) Los niños estaban sentados sin decir ni mu. 9) No es fácil, que digamos. 10) Se bebió toda la cerveza como el que no quiere la cosa.

VIII. DAS VERB

A. DIE PASSIVBILDUNG (s. Gil/Banús, I.9.1., I.9.2.)

Grammatik

1. *Vorgangspassiv: ser + Partizip*
Bsp.: Der Mörder ist kurz nach dem Anschlag gefaßt worden.
(= El asesino fue capturado poco después del atentado.)

2. *Zustandspassiv: estar + Partizip*
Bsp.: Dieses Haus ist schon verkauft.
(= Esta casa ya está vendida.)

3. *Bei perfektiven Verben* (= augenblicklichen Handlungen) im Präsens (a) und Imperfekt (b) ist das Vorgangspassiv im Spanischen nicht möglich:
Bsp.: a) Der Gast *wird* von den Gastgebern freundlich *empfangen*.
(= Los anfitriones *reciben* al invitado con amabilidad.)
b) Zu dieser Jahreszeit *wurde* immer die Fassade *renoviert*.
(= En esta época del año, *arreglaban* siempre la fachada.)

4. *pasiva refleja*: Voraussetzungen:
- Subjekt: keine Person
- Urheber der Handlung wird nicht genannt.

Form: se + aktives Verb in Übereinstimmung mit dem Objekt
Bsp.: En esa tienda de ahí enfrente *se venden* cosas interesantes.
(= In diesem Geschäft da drüben *werden* interessante Sachen *verkauft*.)

Übung

Übersetzen Sie:

1) Die neuen Schüler werden vom Lehrer begrüßt. 2) Das vermißte Kind wurde den ganzen Tag lang von der Polizei gesucht. 3) Ich werde von meiner Großmutter gerufen, weil sie nur von mir in die Stadt gebracht werden möchte. 4) Die ganze Stadt ist eine Baustelle, da der Marktplatz neu angelegt und eine Umgehungsstraße gebaut wird. 5) Der Mörder, der das ganze Land in Aufruhr versetzte, ist endlich gefaßt. 6) Die Figuren hier, die von Häftlingen angefertigt wurden, werden auf dem

Basar für einen guten Zweck verkauft. 7) Man hat die gesammelten Sachen in Entwicklungsländer geschickt, wo sie an die Ärmsten der Armen verteilt werden. 8) Letztes Jahr wurde eine beträchtliche Anzahl an Waffen in den Nahen Osten exportiert, mit denen anschließend ganze Landstriche verwüstet wurden. 9) Nachdem der Vertrag unterzeichnet worden war, wurden die ersten Transaktionen durchgeführt. 10) Anträge müssen bis spätestens eine Woche vor der Sitzung schriftlich eingereicht werden. 11) Am 17. April 1951 wurde der Vertrag über die Schaffung der Montan-Union in Paris feierlich unterzeichnet. 12) Dieser König wurde von seinen Untertanen geliebt und sogar von seinen Gegnern geschätzt. 13) Jedes Jahr wird in der Gemeinde ein Fest zu Ehren des Schutzheiligen gefeiert. 14) Die Bank, auf die er sich setzen wollte, war frisch gestrichen. 15) Der Vertrag ist schon unterschrieben. Wir können die Bestellung tätigen.

B. SUBJUNTIVO IN GRAMMATISCH SELBSTÄNDIGEN SÄTZEN (s. Gil/Banús, I.9.3.C)

Grammatik

Beim Subjuntivo in grammatisch selbständigen Sätzen unterscheidet man

- *Subjuntivo potencial* zum Ausdruck von Zweifel und Möglichkeit und
- *Subjuntivo optativo* zum Ausdruck von notwendigen oder gewünschten Handlungen.

1. *Subjuntivo potencial*

a) *nach Adverbien des Zweifelns*

- der Zweifel steht im Vordergrund: Subjuntivo

Bsp.: Es poco probable, pero *quizá sepa* explicárnoslo Inés.
(= Es ist zwar unwahrscheinlich, aber *vielleicht kann* Inés es uns ja erklären.)

Ausnahme: nach „a lo mejor" steht der Indikativ.

Bsp.: *A lo mejor* me *puedes* ayudar tú.
(= *Vielleicht kannst* du mir helfen.)

- die Wahrscheinlichkeit wird eher hervorgehoben: Indikativ

Bsp.: Esteban tiene un acento raro, *probablemente es* de Galicia.
(= Esteban hat einen seltsamen Akzent; *wahrscheinlich ist* er aus Galicien.)

Stehen die Adverbien des Zweifelns hinter dem Verb, so wird Indikativ verwendet.

Bsp.: *Llegarán, quizá,* esta tarde.
(= *Vielleicht kommen* sie heute nachmittag schon an.)

b) *Iterative Paarformeln*

b1) mit restriktivem Charakter

Bsp.: *Venga lo que venga,* no cambiaré de opinión.
(= Komme, was wolle, ich ändere meine Meinung nicht.)

b2) disjunktiv aufgebaut

Bsp.: Tendremos que hacerlo, *queramos o no (queramos).*
(= Wir werden es wohl tun müssen, ob wir wollen oder nicht.)

Aber: der Indikativ steht, wenn

– der eine Teil Bedingung für den anderen ist.

Bsp.: *O lo pagas* en metálico, *o lo pagas* con tu trabajo.
(= Entweder du bezahlst es in bar, oder du arbeitest es ab.)

– das ganze als Frage formuliert ist.

Bsp.: ¿Te *gusta* o no te *gusta*?
(= Gefällt es dir nun oder nicht?)

c) *Ausdruck des Einverständnisses nach „como" oder „lo que"*

Bsp.: – Como Vd. desee.
(= Wie Sie wünschen.)
– Lo que Vd. diga.
(= Zu Befehl.)

2. *Subjuntivo optativo*

a) *Verneinte Befehle bzw. Verbote*

Bsp.: No os preocupéis por mí.
(= Macht euch um mich keine Sorgen.)

b) *Wünsche und Verwünschungen*

b1) Wunsch

– ojalá + Subjuntivo

Bsp.: ¡*Ojalá dejara* de hablar!
(= Wenn er doch nur zu reden aufhörte!)

– quién + Subjuntivo Imperfekt/Plusquamperfekt in eher formelhaften Wendungen

Bsp.: ¡*Quién hubiera vivido* en el siglo XVIII!
(= Hätte ich doch im 18. Jahrhundert gelebt!)

b2) Verwünschung

Bsp.: ¡Así reviente!
(= Soll er doch platzen vor Wut!)

c) *Ausrufe mit „que"*
Bsp.: – ¡Que se alivie!
(= Gute Besserung!)
– ¡Que sea enhorabuena!
(= Viel Glück!)

d) *Sonstige Formeln*
Bsp.: – ¡Dios te oiga!
(= Dein Wort in Gottes Ohr!)
– ¡Viva el Rey!
(= Es lebe der König!)

Übungen

I. Setzen Sie die Verbform ein:

1) ¿Por qué no vino con nosotros? – No (tener) ________, seguramente, bastante dinero. 2) ¡Que se lo (él; contar) ________ a su abuela! 3) ¡Así (arruinarse) ________ ese avaro! 4) ¡Que no te (yo; volver) ________ a ver por aquí! 5) Nada (tú; creer) ________ sino lo que veas. 6) Como Vd. (mandar) ________. 7) ¿Qué harás mañana por la tarde? – Tal vez (ir) ________ al cine. 8) ¡Que eso no (salir) ________ de nosotros! 9) ¡Que no (tú; irse) ________ sin nosotros! 10) ¡Cuidadito! ¡Que no (enterarse) ________ yo de que has hecho una faena! 11) Sólo hay dos posibilidades: o (él; decir) ________ la verdad, o (él; mentir) ________ más que un sacamuelas. 12) ¡No (vosotros; apocarse) ________ por esa vana amenaza! 13) ¡Que Dios le (bendecir) ________! 14) ¿Qué tiempo hará mañana? – A lo mejor (llover) ________. 15) ¡Ojalá (nosotros; tener) ________ buen día mañana. 16) (Llover) ________ o no (llover) ________, suele ir a pie todos los días a la oficina. 17) ¡Que (vosotros; tener) ________ buen viaje! 18) O nos (ellos; pagar) ________ más o (nosotros; dejar) ________ de trabajar. 19) De lo que ganes, nunca (tú; ufanarse) ________; y de lo que pierdas, ni lo (tú; recordar) ________. 20) Oye, chico: no (abrir) ________ la puerta a nadie, (ser) ________ quien (ser) ________. 21) O te (yo; llamar) ________ o te (yo; escribir) ________ una postal. 22) ¡Que todavía no nos (ellos; llamar) ________! ¡Qué sinvergüenzas! 23) ¡Ojalá (venir) ________ Carmen ya la semana pasada! 24) Esta chica siempre estará guapa, (vestirse) ________ como (vestirse) ________. 25) ¡Bendita (ser) ________ la madre que te parió! 26) Manolo tiene tanta experiencia comercial que, (hacer) ________ lo que (hacer) ________, todo le produce dinero. 27) O me (pagar) ________ Vd. el daño, o (yo; presentar) ________ una demanda. 28) ¡(Vd.; irse) ________ a freír espárragos! 29) ¡Quién (yo; poder) ________, doña Inés, volver a darte la vida!

II. Übersetzen Sie:

1) Wer weiß, vielleicht täuschen wir uns in ihm. 2) Daß mir das nicht wieder vorkommt! 3) Er soll es nur tun! 4) Wie es auch immer ausgehen mag, es gibt immer welche, die nicht zufrieden sind. 5) Glauben Sie ihm nicht alles, was er sagt! 6) Ob Sie es glauben oder nicht, die Wahrheit ist, daß es sich genau so ereignet hat. 7) Ich will stumm sein, wenn es nicht stimmt. 8) So sei es. 9) Gott steh' mir bei! 10) Wenn sie ihm doch nur das Geheimnis entlocken könnten! 11) Ich werde es akzeptieren müssen, ob es mir gefällt oder nicht. 12) Wäre ich doch schon früher zurückgekommen! 13) Ich weiß nicht, ob er noch dort wohnt, aber vielleicht kommt der Brief ja an. 14) Vielleicht unterschreibt er heute endlich den Vertrag. 15) Das soll einer wissen! 16) Vielleicht ist das die beste Lösung. 17) Ach, hättest du doch Recht! 18) Wenn ich doch singen könnte wie Caruso! 19) Viel Spaß, Sancho! 20) Es lebe die Freiheit! 21) Wüßte ich doch so viel wie er! 22) Laß mich nicht so lange warten. 23) Vielleicht stimmte die Nachricht ja. 24) Der Chef befahl seiner Sekretärin, niemanden hineinzulassen, wer es auch sei. 25) Laß mich dir das nicht zweimal sagen! 26) Ob es nun kalt ist oder warm, dieses Thermometer steht immer auf 15 Grad. 27) Er ruhe in Frieden.

C. Indefinido und Imperfecto (s. Gil/Banús, I.9.4.B/C)

Grammatik

1. *Indefinido*: Perspektive: *Erzählung, Mitteilung*

a) Erzählung, Bericht, Mitteilung von in der Vergangenheit abgeschlossenen Ereignissen/Handlungen

Bsp.: La semana pasada *tuvo* lugar el encuentro de políticos de varios países.
(= Vergangene Woche *fand* das Treffen zwischen Politikern aus verschiedenen Ländern statt.)

b) Aufzählung einzelner aufeinanderfolgender, jeweils abgeschlossener Ereignisse

Bsp.: Llegué, vi, vencí.
(= Ich kam, sah und siegte.)

c) Erzählung mit emotionaler Distanz zum erzählten Geschehnis (die emotionale Nähe wird mit dem Perfekt ausgedrückt).

Bsp.: El año pasado *murió* aquí un hombre. Aber: El año pasado *ha muerto* mi abuelo.
(= Letztes Jahr *starb* hier ein Mann./Letztes Jahr *starb* mein Großvater.)

d) Erzählung mit Charakter des Plötzlichen, Raschen

Bsp.: De pronto *se apagó* la luz, y todos nos *llevamos* un gran susto.
(= Plötzlich *ging* das Licht *aus*, und wir alle *erschraken* sehr.)

2. *Imperfecto:* Perspektive: *Schilderung*

a) Schilderung, Beschreibung eines Handlungsablaufs

Bsp.: Yo *iba caminando* por el parque y me *deleitaba* contemplando los árboles y arbustos en flor.
(= Ich *spazierte* durch den Park und *ergötzte* mich an der Blütenpracht der Bäume und Sträucher.)

b) Schilderung von Nebenumständen

Bsp.: El ladrón entró en la casa cuya ventana del primer piano *estaba* abierta.
(= Der Dieb kam in das Haus, dessen Fenster im ersten Stock *offenstand*.)

c) Rahmenhandlungen

Bsp.: *Llovía* torrencialmente cuando llegamos a casa.
(= Es *regnete* in Strömen, als wir nach Hause kamen.)

d) Iterative Temporalsätze der Vergangenheit

Bsp.: Todos los veranos la tía, cuando *venía* a vernos, nos *traía* a los niños algo rico.
(= Jeden Sommer *brachte* unsere Tante uns Kindern bei ihrem Besuch etwas Leckeres mit.)

e) Oft bei Handlungen, die von Verben der Wahrnehmung abhängen

Bsp.: Vio que Antonio le *hacía* una seña.
(= Er sah, daß Antonio ihm ein Zeichen *gab*.)

Übungen

I. Übersetzen Sie:

In unserem Spanischunterricht wollten wir einmal die Zeiten der Vergangenheit lernen. Das war eine nicht so leichte Arbeit. Der Lehrer sagte, die Schwierigkeit bestehe darin, etwas Neues zu lernen, das keine Entsprechung in der deutschen Sprache habe. Nun, wir begannen mit einfachen Sätzen, aber bald stellten wir fest, daß es unmöglich war, ohne einen größeren Zusammenhang die richtige spanische Zeit zu setzen. Und so begannen wir, kleine Texte zu bearbeiten. Wir sahen, daß man sich nach der Perspektive des Sprechers und nicht nach Bedeutungen der Einzelsätze orientieren darf, daß höchstens in einigen Fällen der Kontrast zwischen zwei Sätzen eine Hilfe sein kann, z. B. wenn eine Handlung der Hintergrund einer anderen (einsetzenden) ist. Hierfür war, wie immer, Manolo der Protagonist des Beispiels:
„Manolo fischte vergnügt, als er einen Terroristen am anderen Ufer entdeckte."
Schön wäre es, wenn alle Sätze so eindeutig wären, dachten wir, denn in den meisten Fällen ging es darum, die Erzählperspektive (Pretérito Indefinido) von der Beschreibperspektive (Pretérito Imperfecto) zu unterscheiden. Was ist nun aber für diese verflixten Spanier Erzählung oder Beschreibung? Das war die große Frage, die wir in den folgenden Texten zu lösen versucht haben.

II. Übersetzen Sie:

Die Herkunft der Inka ist nicht vollkommen geklärt. Vielleicht waren sie ursprünglich ein Stamm der Aymara und lebten am Titicacasee. Ihr legendärer Ahnherr Manco Capac soll zusammen mit seiner Schwester und Frau Mama Ocllo auf Geheiß des Sonnengottes die Stadt Cuzco gegründet haben. Die Inka wurden mit der Zeit zu glänzenden Organisatoren und Bürokraten. Sie sicherten ihre militärische Stärke durch ein vorzügliches Straßennetz, durch einen exzellenten Nachrichtendienst sowie durch eine durchdachte Logistik.

Die Chroniken des Pompa Ayala, des Inka Garcilaso de la Vega und des Cieza de León zeigen uns an vielen Beispielen, wie exakt und in jeder Einzelheit das Leben der Menschen, gemäß ihrem Alter und Geschlecht, festgelegt wurde. Es ist bekannt, wie drakonisch man mit den Strafen umging, die bei Verstößen gegen den Willen der Herrschenden verhängt wurden.

Diese Justiz hatte eindeutig Klassencharakter: es war nicht dasselbe, ob ein Adliger oder ein gewöhnlicher Mann aus dem Volk ein Verbrechen beging. Wichtige Mittel der Herrschaftsausübung und der Herrschaftssicherung waren weiterhin die zwangweise Umsiedlung neu unterworfener Völker, die Einführung des Sonnenkultes als Staatsreligion und das Durchsetzen des Quechua als Staatssprache.

III. Übersetzen Sie:

Zu den vornehmsten Rittern der Artusrunde gehörte Tristan von Bretland. Zur Erinnerung daran, daß seine Eltern viel Trauriges erleiden mußten, erhielt das Kind den Namen Tristan. Bekannt wurde der Junge recht früh durch seine Heldentaten. Er befreite einmal das Land des Königs Marke von Cornwald, als er den Riesen Morolt im Zweikampf mutig bezwang; aber er wurde dabei sehr schwer verletzt und begann von da an fürchterlich zu stinken, denn das Schwert des Riesen, das ihn verletzt hatte, war mit einem speziellen Gift versehen.

Hier tritt Isolde auf die Bühne. Mit ihrer Mutter, der Königin von Irland, heilte sie den Kranken und verliebte sich in ihn. Wie es aber in den Sagen des Abendlandes häufig der Fall ist, entwickelte sich ihre Beziehung zu einer klassischen Tragödie. Isolde mußte den König Marke heiraten. Sie wurde also Königin. Ihr stand von da an ein ruhigeres Leben zu, als mit Tristan durch die Wälder zu irren und Drachen zu töten...

D. Die Nominalformen des Verbs

1. Infinitiv (s. Gil/Banús, I.9.5.A)

Grammatik

a) *Subjekt*

Bsp.: De momento, lo más importante es informar a los suyos.
(= Das Wichtigste ist jetzt erst einmal, seine Angehörigen zu verständigen.)

b) *Nominalprädikat*

Bsp.: Su consigna es sonreír siempre.
(= Sein Motto ist, immer zu lächeln.)

c) *Objekt*

c1) direktes Objekt

Bsp.: Prometió llamarme.
(= Er versprach, mich anzurufen.)

Nach *Verben* der *Sinneswahrnehmung*, des *Veranlassens*, des *Verbietens* und des *Zulassens* kann das Subjekt des Infinitivs mit dem Objekt des Hauptverbs zusammenfallen.

Bsp.: – Veo trabajar a mi padre.
(= Ich sehe meinen Vater arbeiten.)
– Te prohibo hacerlo.
(= Ich verbiete dir, es zu tun.)

c2) präpositionales Objekt

Bsp.: No tienes derecho a decirme una cosa así.
(= Du hast kein Recht, mir so etwas zu sagen.)

d) *Verkürzung von adverbialen Nebensätzen*

d1) Temporalsätze

– Gleichzeitigkeit: „al"

Bsp.: *Al entrar* el profesor, los alumnos siguieron hablando un rato.
(= Als der Lehrer hereinkam, plauderten die Schüler noch eine Weile weiter.)

– Vorzeitigkeit: „antes de"

Bsp.: El camarero limpió la mesa *antes de colocar* las bebidas.
(= Der Kellner machte den Tisch sauber, bevor er die Getränke darauf stellte.)

– Nachzeitigkeit: „después de"

Bsp.: *Después de esperar* media hora, se fue a casa.
(= Nachdem er eine halbe Stunde gewartet hatte, ging er nach Hause.)

– Ende der Handlung: „hasta"

Bsp.: No dejó de preguntar en el hospital *hasta enterarse* de que había salido bien la operación.
(= Sie erkundigte sich dauernd im Krankenhaus, bis sie erfuhr, daß die Operation gelungen war.)

d2) Kausalsätze: „al/por"

Bsp.: No puede decírmelo *por no saberlo* tampoco él.
(= Er kann es mir nicht sagen, weil er es auch nicht weiß.)

d3) Finalsätze: „para/por"

Bsp.: Viene ahorrando infatigablemente *para poder* viajar con ellos a España.
(= Er spart eisern, um mit ihnen nach Spanien fahren zu können.)

d4) Konzessivsätze: „con"/„a pesar de"

Bsp.: *Con ser/A pesar de ser* tan listo no encontrarás la solución de este acertijo.
(= Obwohl du so schlau bist, wirst du dieses Rätsel nicht lösen können.)

d5) Konditionalsätze (meistens irreal): „de" (hauptsächlich mit „ser")

Bsp.: *De no ser* verdad, yo no lo hubiera dicho.
(= Wenn das nicht stimmen würde, hätte ich es nicht gesagt.)

d6) Modalsätze: „sin"

Bsp.: Miente *sin ponerse* colorado.
(= Er lügt, ohne rot zu werden.)

Übungen

I. Übersetzen Sie:

1) Das mit dem Infinitiv ist leicht zu verstehen. 2) Er hat sich vorgenommen, ein halbes Jahr ins Ausland zu gehen. 3) Du hast gut daran getan, bei dem Unwetter gestern zu Hause zu bleiben. 4) Der Angeklagte leugnet hartnäckig, das Verbrechen begangen zu haben. 5) Hier ist das Rauchen verboten. 6) Er hat versucht, uns anzurufen, weil er uns einladen wollte. 7) Ich erinnere mich nicht, ihn je gesehen zu haben. 8) Richtig und fließend Spanisch sprechen zu können ist der Wunschtraum eines jeden Spanischstudenten. 9) Mensch, ich habe vergessen, das Buch zurückzugeben! 10) Das ist übrigens wirklich lesenswert. 11) Mich anzurufen war das Beste, was du tun konntest.

II. Übersetzen Sie mit Hilfe eines verkürzten Nebensatzes:

1) Michael kann nicht mit ihnen fahren, weil er sich das Bein gebrochen hat. 2) Als sie von dem Unfall erfuhr, wurde sie kreidebleich. 3) Um Medizin studieren zu können, mußt du einen besseren Notendurchschnitt haben. 4) Nachdem du so viel

gelernt hast, kannst du dir eine Pause gönnen. 5) Obwohl er die ganze Nacht durchgearbeitet hatte, war er nicht müde. 6) Ich werde arbeiten, bis ich umfalle. 7) Wenn es wirklich wahr ist, was er erzählt hat, hat er viel Glück gehabt. 8) Denkt erst mal nach, bevor ihr antwortet! 9) Sie sitzt schon den ganzen Tag herum, ohne ein Wort zu sagen.

III. Verkürzen Sie die Sätze mit Infinitiv:

1) ¡Que no se te olvide comprar el pan cuando vuelvas a casa! 2) ¡Lávate las manos antes de que te sientes a la mesa! 3) Jorge anda muy preocupado porque no sabe cómo pagar sus deudas. 4) Estás leyendo y no entiendes nada. 5) Iré a la peluquería después de que haya terminado el trabajo. 6) Si no hubiera estudiado tanto, no habría aprobado el examen con una nota tan buena. 7) Aunque trabaja bien, no gana mucho. 8) Siga Vd. esta carretera hasta que llegue al semáforo. 9) Tienes que darte prisa para que no pierdas el tranvía.

IV. Verbinden Sie die Sätze mit Infinitiv:

1) Ahora podemos salir. Estoy dispuesto. 2) No puedo traducir este texto. Me cuesta mucho trabajo. 3) ¿Aún no sabes conducir? Te voy a enseñar. 4) No necesitas recogerme en la estación. ¡No te molestes! 5) Mario no fue a la escuela por la mañana. No tenía ganas. 6) El vendedor reaccionó desabridamente, pero no tenía motivo alguno. 7) Nos traerán el armario pasado mañana. Al menos lo procurarán. 8) Juan irá al extranjero por medio año. Ayer se decidió. 9) El médico ha prometido venir, pero tardará un rato. 10) Afortunadamente, no tengo yo que comprar las bebidas. Felipe se encargó de ello. 11) Mis padres ya no fuman. Lo han dejado hace tres semanas. 12) ¿Quieres ir al cine conmigo esta tarde? Te invito. 13) Julia se decidió a estudiar. Hizo bien. 14) Este año iremos de vacaciones al norte de Alemania. Nuestros vecinos nos lo aconsejaron. 15) Rodrigo fue a España. Al menos lo soñó.

2. Gerundio (s.Gil/Banús, I.9.5.B)

Grammatik

a) *Textuelle Verknüpfung: illative Funktion*

Bsp.: La estudiante estuvo muchas veces en el extranjero, *pudiendo* perfeccionar *así* sus conocimientos de los diferentes idiomas.
(= Die Studentin war oft im Ausland; dadurch konnte sie ihre Sprachkenntnisse verbessern.)

b) *Verkürzung adverbialer Nebensätze*

Adverbiale Nebensätze sowie Sätze, die mit „und" verbunden werden, lassen sich in der Regel mit Gerundio verkürzen, wenn das Prädikat eine Handlung in ihrem Verlauf ausdrückt.

Bsp.: Lo dice sonriéndole.
(= Sie sagt das und lächelt ihn dabei an.)

Aber: Lo dice, porque tiene que hablar así.
(= Er sagt das, weil er so sprechen muß.)

Die Ausnahmen hiervon sind in der Regel feststehende Wendungen (meistens mit „ser"/„estar").

Bsp.: – Siendo así, retiro mi afirmación.)
(= Wenn das so ist, nehme ich meine Behauptung zurück.)
– Estando tú aquí, yo no tengo miedo.
(= Wenn du da bist, habe ich keine Angst.)

b1) Die üblicheren adverbialen Nebensätze, die durch Gerundio verkürzt werden, sind:

– *Temporalsätze* (Stellung: meist vor dem Hauptverb)

Bsp.: Despidiéndose de todos con un gesto amable, se metió en el coche.
(= Er winkte allen zu und stieg in den Wagen.)

– *Modalsätze* (Stellung: meist hinter dem Hauptverb)

Bsp.: Carlos ayudó a sus compañeros repasando toda la gramática con ellos.
(= Carlos half seinen Kommilitonen, indem er die ganze Grammatik mit ihnen wiederholte.)

b2) *Überwiegend literarische Verwendung* haben die folgenden Verkürzungen:

– *Kausalsätze*

Bsp.: No pudiendo llegar a un acuerdo los presentes, la sesión se aplazó.
(= Weil die Anwesenden sich nicht einigen konnten, wurde die Sitzung vertagt.)

– *Konditionalsätze* (meistens eventual)

Bsp.: Estando él en casa, no pasará nada.
(= Wenn er zu Hause ist, wird nichts passieren.)

– *Konzessivsätze* (meist mit „aun" eingeleitet)

Bsp.: Aun teniendo muchos amigos, está a menudo muy solo.
(= Obwohl er viele Freunde hat, ist er oft sehr einsam.)

c) Nach Verben der *Sinneswahrnehmung* steht das Gerundio statt des Infinitivs, wenn der Verlauf der Handlung im Vordergrund steht. Das Subjekt des Gerundio ist das Objekt des Hauptverbs:

Bsp.: Veo a mi madre bajando la escalera.
(= Ich sehe meine Mutter die Treppen hinuntergehen.)

d) Besondere Verwendung *nach „dejar"*
Bsp.: Dejó a su hijo en casa de la vecina jugando con los hijos de ella.
(= Sie ließ ihren Sohn bei ihrer Nachbarin zurück, wo er mit deren Kindern spielte.)

Übungen

I. Übersetzen Sie mit Gerundio:

1) Sie kam ein Lied trällernd herauf. 2) Die Sekretärin kam in die Klasse und sagte uns, daß der Unterricht ausfalle. 3) Ich sah meinem Nachbarn zu, wie er den Garten umgrub. 4) Man konnte ihn im ganzen Haus laut schimpfen hören. 5) Er lenkte sie von ihrem Kummer ab, indem er ihr eine lustige Geschichte erzählte. 6) Ich sehe dich immer wie einen Verrückten durch die Stadt rasen. 7) Er verbesserte seine Kondition, indem er täglich einen Waldlauf machte. 8) Sie betrachtete die Fotos und schwelgte dabei in Erinnerungen an die gute alte Zeit.

II. Übersetzen Sie mit der gewählteren Formulierung des Gerundio:

1) Obwohl ihr das Bein sehr weh tat, ging sie zu Fuß nach Hause. 2) Da die Straße so glatt ist, ist es logisch, daß die Autos so vorsichtig fahren. 3) Nachdem der Hausherr die Gäste begrüßt hatte, zeigte er ihnen das ganze Haus. 4) Sofern ihr keinen besseren Vorschlag macht, bleiben wir zu Hause. 5) Als wir schon zwei Stunden auf ihn gewartet hatten, rief er schließlich an und sagte, daß er nicht kommen könne. 6) Obwohl das Haus groß ist, ist die Miete nicht sehr hoch. 7) Auch wenn ich morgen mein Geld nicht bekäme, sehe ich keinen Hinderungsgrund, mit euch nach Bayern zu fahren. 8) Obwohl er schon fix und fertig ist, kämpft er verbissen weiter. 9) Maria erreichte schließlich, daß alle gerne mit ihr sprachen, da sie sich bemühte, aufmerksam zuzuhören. 10) Als die Mutter hörte, daß ihr Kind wimmerte, stürzte sie ins Kinderzimmer, um nachzusehen, was geschehen sei.

III. Formen Sie mit Gerundio um, wo es möglich ist:

1) Hoy, mientras paseábamos, encontramos a nuestros amigos. 2) Si lees este libro, aprenderás cosas muy interesantes. 3) La madre hace un pastel y explica a la hija lo que debe tener en cuenta para aprender a hacerlo ella también. 4) No puedo ir al teatro esta tarde porque tengo que hacerme cargo de los hijos de mi hermana. 5) Aunque lo digas tú, no tiene que ser verdad. 6) Después de que el encargado dio el

último martillazo, comenzaron todos a celebrar que se habían cubierto aguas. 7) Mataba el tiempo con la composición de versos cursis. 8) Carmen me ha contado el accidente que tuvo ayer, pero exagera un poco. 9) Aun cuando lo viera con mis propios ojos, no lo creería. 10) Cuando tu hermano estudia, no se oye en la casa ningún ruido. 11) Mientras los padres no hubieran regresado, Pere no podía salir. 12) Como los patrones se negaron a mejorar las condiciones de trabajo, los obreros comenzaron una huelga. 13) Si Juan sale temprano de viaje, no bebe vino por las noches. 14) Se puso a cortar el césped y se olvidó de que tenía una cita. 15) Como él tiene mucho amor propio, estoy convencido de que hará carrera. 16) Le sorprendió la muerte cuando dormía. 17) Después de pagar la cuenta, el cliente salió precipitadamente de la tienda. 18) Si este fin de semana no tienes tiempo para la familia, es mejor que te cases definitivamente con tu profesión. 19) A pesar de que el viaje en tren cuesta mucho más tiempo, tienen que aceptarlo para ahorrar dinero. 20) Si Matías lo hubiera sabido, nos lo habría dicho. 21) Como tu amigo no podía esperar más tiempo, se fue a casa.

3. **Partizip** (s. Gil/Banús, I.9.5.C)

Grammatik

a) *In selbständiger Stellung* steht das Partizip hauptsächlich für folgende adverbiale Nebensätze:

a1) *Temporalsätze*

Bsp.: – (Una vez) Contados los votos/Después de contados los votos, hicieron público el resultado de las elecciones.
(= Nachdem die Stimmen ausgezählt worden waren, wurde das Wahlergebnis bekanntgegeben.)
– Hasta aclarado esto, no me moveré del sitio.
(= Bis das geklärt ist, rühre ich mich nicht von der Stelle.)

a2) *Konzessivsätze* (mit „si bien" verstärkt)

Bsp.: Los obreros de la fábrica, si bien reanudadas las conversaciones entre sus representantes y los directivos de la empresa, continuaron en huelga.
(= Die Fabrikarbeiter setzten ihren Streik fort, wenngleich die Gespräche zwischen ihren Vertretern und dem Vorstand wiederaufgenommen worden waren.)

a3) *Modalsätze*

Bsp.: La actriz del teatro, alborotados sus cabellos por el esfuerzo de la escena, se dirigió al público con voz cavernosa.
(= Die Schauspielerin wandte sich mit durch die Anstrengung der Szene zer-

zausten Haaren mit ihrer tiefen, unheimlich klingenden Stimme an das Publikum.)

b) *In verbundener Stellung* steht das Partizip für einen Relativsatz und erweist sich wie dieser als

b1) *explicativo*

Bsp.: Tomás, reprendido por el profesor, se pasó todo el día estudiando.
(= Thomas, der vom Lehrer getadelt worden war, setzte sich den ganzen Tag über seine Bücher.)

b2) *especificativo*

Bsp.: ¡El jersey comprado ayer ya está sucio!
(= Der Pullover, der gestern (erst) gekauft wurde, ist schon dreckig.)

Die Partizipien der Hilfsverben „ser", „estar" und „haber" lassen sich allerdings nicht als Ersatz eines Relativsatzes verwenden.

Bsp: Han robado la bicicleta que estaba al lado de la mía.
(= Das Fahrrad, das neben meinem stand, ist gestohlen worden.)

c) *Partizip Präsens*

Heute verwendet man das spanische Partizip Präsens hauptsächlich als:

– *Adjektiv*

Bsp.: ¡También damos la bienvenida en la Universidad de Madrid a nuestros alumnos oyentes de Alemania!
(= Wir heißen auch unsere Gasthörer aus Deutschland in der Universität Madrid willkommen!)

– *Substantiv*

Bsp.: Los dirigentes de varios partidos se reunieron ayer para discutir sobre ese asunto.
(= Die verschiedenen Parteiführer kamen gestern zusammen, um diese Angelegenheit zu erörtern.)

Übungen

I. Übersetzen Sie, wenn möglich, mit Partizip:

1) Sie verfolgten den Film mit wachsendem Interesse. 2) Am Freitag Mittag gibt's gebratenen Fisch. 3) Er wollte nicht weggehen, bis seine Arbeit fertig war. 4) Auch wenn die Einladungen rechtzeitig verschickt wurden, kamen die meisten Kollegen nicht zum Fest. 5) Sobald ich mit den Hausaufgaben fertig bin, komme ich zu dir. 6) Noch bevor das Abendessen zu Ende war, richtete der Vorsitzende einige Worte an die Anwesenden. 7) Erhobenen Hauptes erschien der Schüler vor dem Direktor. 8) Isabel, die ganz in Schwarz gekleidet war, nahm die Beileidsbezeugungen gefaßt

entgegen. 9) Alle Abwesenden müssen über die Satzungsänderung informiert werden. 10) Er sah sie mit vor Wut funkelnden Augen an. 11) Nach Abschluß der Reconquista fand ein stetiges Abwandern von Galicien nach Andalusien statt. 12) Juanitas Vater, der von seinem Chef für einen Monat ins Ausland geschickt worden ist, kommt morgen zurück. 13) Von der Muttersprache abweichende Satzmuster der Fremdsprache müssen besonders sorgfältig gelernt werden. 14) Da er sein Studium so erfolgreich abgeschlossen hatte, hatte er keine Probleme, eine gut bezahlte Anstellung zu finden. 15) Bis dieses Land entdeckt wurde, begann diese neue Etappe in Europa nicht. 16) Die Hotels und Gasthäuser, die in der Nähe des Bahnhofs sind, haben nicht immer den besten Ruf.

II. Formen Sie um, wo es möglich ist:

1) Hasta que se firmó ese tratado, fueron necesarias muchas y difíciles negociaciones. 2) Como estaba convencida de que había estudiado bastante, la estudiante se presentó al examen. 3) En la excursión descubrimos la entrada de una cueva que estaba obstruida por una cortina de ramajes. 4) Fernando, después de acabar los cursos de Filosofía, comenzó los de Pedagogía. 5) Apoyó la cara en la palma de la mano y escuchó las fogosas palabras del orador con gran atención. 6) En la reunión que se celebró el pasado jueves, se discutió detenidamente la situación financiera. 7) Hasta que llegó el momento propicio, supimos esperar con paciencia. 8) Si se la ve desde cierta distancia, la casa parece una casita de muñecas. 9) Aun antes de terminar los estudios, emigró a Australia a la buena de Dios. 10) El vendedor de la tienda que está a la vuelta de la esquina, el cual estaba ocupado en colocar algunos artículos nuevos en el estante, no se dio cuenta de que el comprador se metía algunas cosas en el bolsillo. 11) Una vez que el médico hubo examinado a la paciente, le dijo que se abstuviera del tabaco. 12) Bienes que han sido mal adquiridos a nadie han enriquecido. 13) Las personas que están solas sufren a menudo depresiones. 14) Cuando terminaron las obras, hubo por fin tranquilidad en la casa.

4. Gemischte Übungen zu den Nominalformen

I. Übersetzen Sie mit einer Nominalform:

1) Er hat sich für morgen freigenommen, um zum Arzt gehen zu können. 2) Gestern sah ich deinen Freund durch die Straßen schlendern. 3) Er überquerte die Straße, ohne nach rechts und links zu schauen. 4) Nachdem der offizielle Teil beendet war, gingen sie zum Feiern über. 5) Der Mann wußte, als er nach dem kürzesten Weg zum Bahnhof gefragt wurde, nicht, was er sagen sollte. 6) Wärest du früher gekommen, hättest du es ganz deutlich gesehen. 7) Als sie aufsah, sah sie sich von

allen verlassen. 8) Daß ihr mir keinen auf das Grundstück laßt, bevor die Zeitbombe nicht gefunden worden ist! 9) Weil er immer auf sein Glück vertraute, hat er nie übermäßig viel gelernt. 10) Obwohl er nicht Französisch sprechen konnte, hat er sich sehr gut in Paris verständigt. 11) Bis diese Bande von Unruhestiftern dingfest gemacht ist, haben wir keine ruhige Minute. 12) Obwohl seine Leiche nie gefunden wurde, wurde der Pilot für tot erklärt. 13) Nachdem sich die Nachricht von dem Goldfund wie ein Lauffeuer verbreitet hatte, strömten Menschen aus allen Teilen des Landes in die kleine Stadt.

II. Formen Sie um, wo es möglich ist:

1) No contestéis enseguida, ¡pensad bien lo que vais a decir! 2) Aunque no había terminado la clase, los estudiantes ya se levantaron. 3) Inés no se tranquilizará hasta que la informen de lo que ha ocurrido. 4) Si no lo hubieras hecho tú, no lo habría hecho nadie. 5) Nuestros vecinos, que están enfadados con nosotros, dejaron de hablarnos. 6) Marco tiene un perro que es muy peligroso. 7) Después de que hubo leído la carta se echó a llorar. 8) Este libro, que fue impreso en Berlín, no es muy informativo. 9) Cuando me quité el abrigo, sonó la campanilla. 10) Oigo a mi madre, que está cantando en la cocina. 11) La señora Pérez, que me vino a ver ayer, me contó los últimos chismes de la vecindad. 12) Aunque conduzcas a lo loco no llegarás a tiempo. 13) Puesto que la madrina había muerto, Juan tuvo que ir a León para el entierro. 14) Aunque entonces tenía más dinero, no era más feliz. 15) Viene lloviendo desde hace un mes; así y todo no nos dejamos estropear el buen humor. 16) Paco tenía que levantarse temprano el otro día, y así no pudo quedarse más tiempo en el guateque.

III. Setzen Sie die möglichen Nominalformen, ggf. mit Einleitungspartikeln, ein:

1) (Llegar) _______ el director, todos se callaron. 2) (Aprobar) _______ mi primo el examen, aún pasarán dos años. 3) (Estudiar) _______ muy poco, se presentó al examen. 4) Pilar toma un café (leer) _______ el periódico. 5) (Caer) _______ el árbol, lo cortaron con la sierra en pedazos regulares. 6) (Transcurrir) _______ el plazo de garantía, se rompió la lavadora. 7) (Llegar) _______ la ocasión, el más amigo (es) el más ladrón. 8) Los niños escuchan con atención al abuelo (contarles) _______ un episodio de su niñez. 9) (No tener) _______ más que ocho años, la niña da muestras de una asombrosa sagacidad. 10) (Echar) _______ el sobre al buzón, se dio cuenta de que se había olvidado de meter la carta. 11) (Quedarse) _______ el día seco hoy, los campesinos podrán recoger el heno. 12) La abuela no se sintió bien, (acostarse) _______ temprano. 13) (No sentirse) _______ bien la abuela, se acostó temprano. 14) José no sacó los muebles del cuarto, (tener) _______

suficiente espacio para que los invitados pudieran bailar. 15) (Transir) _______ de dolor, la madre, sin embargo, no se echó a llorar en el entierro de su hijo.

E. GERUNDIVKONSTRUKTIONEN IM DEUTSCHEN (s. Gil/Banús, I.9.6.)

Grammatik

Die deutschen Gerundivkonstruktionen drücken Notwendigkeit und/oder Möglichkeit aus.

Morphologie:

- in attributiver Stellung: „zu + -nd-Partizip": ein *zu empfehlendes* Buch
- in prädikativer Stellung: „sein + zu + Infinitiv": Diese Arbeit *ist* nicht *zu schaffen.*

Entsprechungen im Spanischen:

1. *Als Ausdruck der Notwendigkeit*

a) „hay que"/„tener que"/„deber" + Infinitiv

Bsp.: Die Fahrkarte ist in der Straßenbahn zu entwerten.
(= *Hay que inutilizar* el billete en el tranvía.)

b) Substantiv + Präposition („a"/„por") + Infinitiv

Bsp.: Die zu lösenden Probleme sind unzählbar.
(= *Los problemas por resolver* son innumerables.)

c) „quedar por"/„estar por" + Infinitiv

Bsp.: Auf diesem Gebiet ist noch einiges zu tun.
(= En este campo aún *queda mucho por hacer.*)

2. *Als Ausdruck der Möglichkeit*

a) Adjektiv auf „-able"/„-ible"

Bsp.: Dieses Gerät ist wirklich nicht zu empfehlen.
(= Este aparato realmente no es *recomendable.*)

b) „digno de" + Substantiv/Infinitiv

Bsp.: Es gibt hier kein wirklich zu erörterndes Problem.
(= Aquí no hay ningún problema realmente *digno de explicación.*)

c) „poder" + Infinitiv

Bsp.: Das ist eine zu vertretende Ansicht.
(= Esta es una opinión que *se puede defender.*)

Übung

Übersetzen Sie:

1) Diese Tür ist nur mit einem Zauberwort zu öffnen. 2) Etwa die Hälfte der Arbeiten ist noch zu korrigieren. 3) Die bestellten Bücher sind in der Bibliothek abzuholen. 4) Dieses Angebot ist erst noch zu überprüfen. 5) Eine seiner besonders hervorzuhebenden Eigenschaften ist sein unermüdlicher Fleiß. 6) Der vom Gericht zu beauftragende Sachverständige soll beide Fahrzeuge am Unfallort besichtigen. 7) Diesem Menschen ist zu vertrauen. 8) Dieser ganze Berg Wäsche ist noch zu bügeln. 9) Seine Bedingungen waren zu erfüllen. 10) Das Gebiet ist innerhalb von zwei Tagen zu räumen. 11) Das auf der Versteigerung zu erstehende Gemälde zog einige Kunstkenner an. 12) Dieses Werk ist besonders zu erwähnen, weil es die spanische Literatur um eine neue Gattung bereicherte. 13) Bis wir in das Haus einziehen können, ist noch einiges zu tun. 14) Rückmeldeformulare sind im Sekretariat abzuholen. 15) Während der Lehrer noch die zu übersetzenden Texte verteilte, fingen die ersten Prüflinge schon zu schummeln an. 16) Um halb acht sind die Kinder in den Kindergarten zu bringen. 17) Das bißchen Arbeit wird doch wohl in einer Stunde zu bewältigen sein! 18) Das Vorhaben ist mit unseren Mitteln nicht durchzuführen. 19) Die immer wieder zu beobachtende Gleichgültigkeit mancher Menschen in dieser Hinsicht ist einfach nicht zu begreifen.

F. VERBALPERIPHRASEN (s. Gil/Banús, I.9.7.)

1. Verbalperiphrasen mit Infinitiv. Grundbedeutungen.

Grammatik

- ir a hacer algo: etwas gleich tun
- volver a hacer algo: etwas wieder tun
- ponerse a hacer algo: sich daran machen, etwas zu tun
- echarse a llorar: in Tränen ausbrechen
- meterse a cocinar: sich als Koch versuchen
- dejar de hacer algo: aufhören, etwas zu tun
- llegar a hacer algo: etwas schließlich tun
- acabar por hacer algo: etwas schließlich doch tun
- acabar de hacer algo: etwas gerade getan haben
- venir a solucionar algo: einen Beitrag dazu leisten, etwas zu lösen
- deber de hacer algo: vermutlich etwas tun

- soler hacer algo: etwas für gewöhnlich tun
- haber de hacer algo: etwas tun sollen/müssen

Bsp.: Aunque le costó un gran esfuerzo, *acabó por reconocer* su error.
(= Obwohl es ihn große Überwindung kostete, gab er schließlich seinen Irrtum zu.)

Übung

Übersetzen Sie mittels einer Verbalperiphrase mit Infinitiv:

1) Als der Einbrecher die Sirenen der Polizeiwagen hörte, rannte er los. 2) Das kleine Mädchen war gerade vier Jahre alt geworden, als es den schrecklichen Unfall hatte. 3) Er ging sogar so weit zu behaupten, daß alles erfunden sei. 4) Wenn du nach Trier kommst, vergiß bloß nicht, dir die Thermen anzusehen! 5) Der Kleine von nebenan ist schon wieder mal ausgebüxt. 6) Machst du dich wohl gleich an die Arbeit! 7) Er läßt sich immer über Themen aus, von denen er gar nichts versteht. 8) Der Klimawechsel trug zum Teil dazu bei, seine schweren Gesundheitsprobleme zu lösen. 9) Wir sind dabei verblieben, daß sie mich anrufen sollte.

2. Verbalperiphrasen mit Gerundio. Grundbedeutungen.

Grammatik

- estar haciendo algo: dabei sein, etwas zu tun
- andar haciendo algo: dabei sein, etwas zu tun (ungenauere Ausdrucksweise)
- ir haciendo algo: etwas allmählich tun
- seguir haciendo algo: etwas weiter tun
- venir haciendo algo: etwas fortwährend tun (seit einiger Zeit)
- llevar (un tiempo) haciendo algo: etwas fortwährend tun (eine Zeitlang)
- acabar haciendo algo: etwas schließlich doch tun

Bsp.: Ya lo *iré aprendiendo*.
(= Mit der Zeit werde ich es schon lernen.)

Übung

Übersetzen Sie mittels einer Verbalperiphrase mit Gerundio:

1) Er ist und bleibt unsere größte Stütze. 2) Nach und nach kam die ganze Wahrheit

an den Tag. 3) Sie hörte gerade eine interessante Reportage im Radio, als plötzlich der Strom ausfiel. 4) Unsere Nachbarn sind nie da, sie sind immer auf Reisen. 5) Jetzt komm mir nur nicht damit, daß du nichts wußtest! 6) Wir schlenderten so durch die Stadt. 7) Sie brachte schon fast zwei Stunden damit zu, diesen Schrank aufzuräumen. 8) Dem Prüfling fiel nach großer Anstrengung schließlich doch noch die richtige Antwort ein. 9) Ich feilte noch bis spät in die Nacht an dieser Übersetzung herum.

3. Verbalperiphrasen mit Partizip. Grundbedeutungen.

Grammatik

a) *Intransitive Hilfsverben*: Das Partizip stimmt mit dem *Subjekt* in Geschlecht und Zahl überein.
- estar preocupado por algo: wegen etwas besorgt sein
dynamisch: ir preocupado
dynamisch und ungenauer: andar preocupado
- seguir preocupado: immer noch besorgt sein
- quedar(se) preocupado: sich (nach einem Ereignis) Sorgen machen

Bsp.: Aunque el marido ya ha pedido disculpas a su mujer, *ella sigue enfadada* con él.
(= Obwohl sich der Mann schon bei seiner Frau entschuldigt hat, ist sie ihm immer noch böse.)

b) *Transitive Hilfsverben*: Das Partizip stimmt mit dem *Objekt* in Geschlecht und Zahl überein.
- tener hecha una cosa: etwas getan haben
- llevar leídas unas páginas: einige Seiten schon gelesen haben
- traer preocupado a alguien: (eine Zeitlang) jdm. Sorge bereiten
- dejar arruinado a alguien: jdn. (als Folge von etwas) ruiniert haben

Bsp.: *Lleva ganadas* las dos últim*as* partid*as* de ajedrez.
(= Er hat die letzten beiden Schachpartien gewonnen.)

Übung

Übersetzen Sie mittels einer Verbalperiphrase mit Partizip:

1) Du mußt mal deine Uhr aufziehen, sie geht nach. 2) Wir haben das doch schon -zigmal durchgekaut! 3) Dieses Problem bereitet mir schon seit einiger Zeit großes

Kopfzerbrechen. 4) Er war ganz erstaunt über diesen plötzlichen Wutausbruch. 5) Sie ist bei dieser Prüfung für jede Frage gewappnet. 6) Sie hatten bereits die Hälfte der Aufgaben gelöst. 7) Maria war ganz schön wütend nach unserem Streit. 8) Diese Nachricht hat uns ziemlich mitgenommen.

4. Gemischte Übungen zu den Verbalperiphrasen

I. Übersetzen Sie mit einer Verbalperiphrase:

1) Als er hereinkam, telefonierte sie weiter mit ihrer Freundin. 2) Wie oft soll ich dir noch sagen, daß ich dienstags nie im Büro bin? 3) Seine Argumente überzeugen sie nicht ganz, obwohl er schon seit einer Stunde auf sie einredet. 4) Sie hat sich daran begeben, ihr Auto zu reparieren, und jetzt fährt es nur noch rückwärts. 5) Wenn du in dem Konzert perfekt Klavier spielen willst, mußt du heute schon zu üben anfangen. 6) Seit einiger Zeit suche ich schon eine Wohnung. Heute nachmittag hat man mir von einer erzählt, die um die 500 DM im Monat kostet, und jetzt werde ich sie mir ansehen. 7) Die meisten Matheaufgaben habe ich schon gelöst. 8) Er ärgerte sich so sehr darüber, daß sein Experiment nicht funktionierte, daß er sogar fluchte. 9) Diese Witwe hat kürzlich wieder geheiratet. 10) Mit seinen ewigen Tollheiten bringt er alle durcheinander. 11) Seit einiger Zeit lernt sie schon Spanisch, und irgendwann wird sie es schließlich perfekt können. 12) Obwohl die Geschwindigkeit schon auf 50 km/h herabgesetzt ist, rasen einige immer noch in schwindelerregendem Tempo durch die Stadt.

II. Formen Sie die Sätze mit Verbalperiphrasen um:

1) Los alumnos charlaban *sin cesar* entre sí. 2) ¿Cuántos años *hace que estudias* español? 3) Mi televisor *aún* está estropeado. 4) ¡*Ya* te lo *he explicado* mil veces! 5) Nuestro vecino fue *de nuevo* víctima de un estafador. 6) El estado del paciente mejoraba *poco a poco*. 7) *De repente*, Miguel se rió sin motivo alguno. 8) Después de haber aprobado el examen *estaba* muy *satisfecho* de sí mismo. 9) La novela que ha salido *recientemente* es ya un bestseller. 10) A Jorge no le gustaba la cerveza, pero un día la probó y *finalmente* le gustó. 11) Dijeron *repetidamente* que les hiciéramos una visita. 12) Todavía *no* he comprendido *del todo* por qué esto es *necesariamente* así.

G. „SER"/„ESTAR" (s. Gil/Banús, I.9.10)

1. Verwendungsunterschiede

Grammatik

ser	estar
a) *wesentliche*, unveränderliche, dauerhafte *Zustände* (Herkunft, Beruf, Besitz, Material etc.)	*vorübergehende*, veränderliche *Zustände* (Standort, Zeitangabe, körperliches Befinden etc.)
Bsp.: Mi amiga es de Chile. (= Meine Freundin ist aus Chile.)	Mi madre está en Baviera un mes. (= Meine Mutter ist einen Monat in Bayern.)
Este hombre es dentista. (= Dieser Mann ist Zahnarzt.)	Mi madre está bien. (= Meine Mutter fühlt sich wohl.)
¿De quién es esta boina? (= Wem gehört diese Baskenmütze?)	
Los muebles son de mimbre. (= Diese Möbel sind aus Korb.)	
b) *wesentliche*, unveränderliche, dauerhafte *Eigenschaften*	*vorübergehende*, veränderliche *Eigenschaften*
Bsp.: Hacer deporte es muy sano. (= Sport zu treiben ist sehr gesund.)	Manolo está sano. Hace mucho deporte. (= Manolo ist gesund. Er treibt viel Sport.)
Juanita es guapa. (= Juanita ist schön.)	Juanita está guapa. (= Juanita hat sich schön zurechtgemacht.)
Jorge es perezoso. (= Jorge ist von Natur aus faul.)	Jorge está perezoso. (= Jorge ist im Moment faul.)
Esta sopa es mala. (= Diese Suppe ist schlecht.)	Esta sopa está mala. (= Diese Suppe schmeckt nicht gut.)

c) *Bedeutungsunterschiede*

Bsp.: Antonio es listo. (= Antonio ist schlau.)	Antonio está listo. (= Antonio ist fertig.)
Este chico es vivo. (= Dieser Junge ist lebhaft.)	Este chico está vivo. (= Dieser Junge lebt.)
Juanita es buena. (= Juanita ist gut.)	Juanita está buena. (= Juanita sieht klasse aus!)
Este trabajo es muy cansado. (= Das ist eine mühsame Arbeit.)	Antonio está cansado. (= Antonio ist müde.)

d) *feststehende Verbindungen*

Bsp.: Es una pena. (= Es ist schade.) Es pronto/tarde. (= Es ist früh/spät.) Es de día/noche. (= Es ist hell/dunkel.) Es así. (= Es ist so.)	estar contento, enfermo, sano, cansado, lleno, vacío (= froh, krank, gesund, müde, voll, leer sein) Está bien/mal. (= Es ist in Ordnung/schlecht.) estar de acuerdo (= einverstanden sein) estar de camino/de paso (= unterwegs sein)

e) *Vorgangspassiv*	*Zustandspassiv*
Bsp.: La chica fue enterrada ayer. (= Das Mädchen wurde gestern beerdigt.)	La chica ya está enterrada. (= Das Mädchen ist schon beerdigt.)

f) *Uhrzeit*	*Datum*
Bsp.: Son las dos menos cinco. (= Es ist fünf vor zwei.)	Estamos a 23 de marzo. (= Heute ist der 23. März.) *aber*: „ser" bei Feiertagen: Mañana es su cumpleaños. (= Morgen ist ihr Geburtstag.)

g) *ser + en/Zeitangabe =stattfinden*
Bsp.: La asamblea anual será mañana por la tarde.
(= Die Jahreshauptversammlung findet morgen abend statt.)

estar = anwesend sein;
Todavía no están todos.
(= Es sind noch nicht alle da.)

h) *ser para = bestimmt sein für; taugen zu*
Bsp.: El paquete es para mí.
(= Das Päckchen ist für mich.)
Esta carne no es para comer.
(= Dieses Fleisch ist nicht zu essen.)

estar para = aufgelegt sein zu; im Begriff sein zu
No está hoy para eso.
(= Er ist heute nicht dazu aufgelegt.)
Está para salir.
(= Er geht gleich.)

i) *Der direkte Anschluß* eines Substantivs ist

möglich
Bsp.: Carmen es vendedora.
(= Carmen ist Verkäuferin.)

nicht möglich
Carmen está *de* vendedora durante las vacaciones.
(= Carmen arbeitet während der Ferien als Verkäuferin.)
Ausnahmen:
estar trompa (= betrunken sein)
estar fenómeno (= großartig sein, aussehen, schmecken)
estar cañon (= großartig aussehen)
estar pez (= keine Ahnung haben)

Übungen

I. Übersetzen Sie:

1) Diese Schuhe sind aus Schlangenleder. 2) Wem sind sie? 3) Wir sind bei unseren Freunden. 4) Sie sind aus Mexiko. 5) Ihr seid sehr sympathisch. 6) Du bist heute so ruhig. 7) Es ist schon sehr spät, es ist schon 11 Uhr nachts. 8) Heute ist der 23. Dezember. 9) Morgen ist Heiligabend. 10) Die Ehrung ist im Festsaal. 11) Aber der Präsident ist ja noch nicht da! 12) Paß auf, ich bin heute nicht zu Scherzen aufgelegt! 13) Wenn jemand nach mir fragt, ich bin im Keller. 14) Wer war denn an der Tür? 15) Wo ist denn hier der Eingang?

II. „ser"/„estar" mit Adjektiv: Setzen Sie die richtige Form ein:

1) _______ contentos con lo que tenemos. 2) Esto _______ prudente. 3) Cuando le dijimos que no _______ capacitado para ese cargo se quedó muy perplejo. 4) Su padre ya _______ jubilado desde hace cinco años. 5) Normalmente, este joven _______ muy alborotador; pero hoy _______ tranquilo porque _______ enfermo. 6) ¿Por qué (tú) _______ tan enfadado? – Porque (tú) _______ muy maleducado. 7) ¡_______ contentos con lo que tenéis! 8) (Yo) _______ harto de recoser tus calcetines, _______ muy aburrido. 9) Pero, ¡no _______ tan triste, Manolo! 10) ¡Qué levanten la mano los que _______ ausentes la última vez!

III. Bedeutungsunterschiede bei „ser"/„estar". Setzen Sie die richtige Form ein und übersetzen Sie:

1) Amparo _______ soltera, pero pronto va a casarse. Su hermano, en cambio, _______ un solterón empedernido.
2) ¡No comas estas peras, que aún _______ agrias! Estos pomelos _______ muy agrios, tienes que comerlos con mucho azúcar; los he comprado porque no _______ a más de veinte pesetas, el kilo.
3) La conferencia _______ en agosto. ¿En qué mes (nosotros) _______ ahora?
4) Madrid _______ la capital de España. _______ en el centro de la Península.
5) Un niño no tiene tanta fuerza como un adulto; _______ más débil. Después de la operación, Manolo _______ muy débil; todavía no _______ bien.
6) Esta escopeta _______ de mi hermano; él _______ ahora de caza con unos amigos.
7) Como _______ muchas las visitas que tuvo que hacer ayer, el médico _______ por la noche hecho polvo.
8) La nieve _______ blanca y fría, y _______ por todas partes.
9) El agua de este riachuelo _______ clara, pero en invierno _______ muy fría.
10) Don Miguel _______ periodista. Su hermano _______ de profesor en Salamanca.
11) Tomás _______ ciego de nacimiento. Mi madre _______ ciega de ira.
12) Esta moto _______ construida por un famoso ingeniero en Japón. Quise comprarla pero ya _______ vendida.
13) Antonio _______ cojo porque tiene una pierna más corta que la otra. Conrado _______ cojo porque se ha torcido un pie.
14) Fernando _______ un buen amigo. Ya no _______ enfermo, _______ bien.
15) A ése no se la das con queso, _______ muy listo. Aún no podemos irnos, Isabel no _______ lista.
16) Esta calle _______ muy estrecha porque los coches _______ aparcados a los dos lados. Esta callejuela antigua _______ muy estrecha.
17) Esta exquisita comida de ayer _______ preparada por él mismo. La cena de hoy aún _______ por preparar.

18) El cuarto de baño _______ muy oscuro porque no tiene ventanas. El salón _______ oscuro porque las persianas _______ bajadas.
19) Aún no _______ seguro que en ese accidente murieran todos. ¿(Tú) _______ seguro de que me lo diste?

2. **„está(n)/hay"** (s. Gil/Banús, I.9.11.)

Grammatik

Die deutschen Syntagmen „es gibt" und „es ist/sind" erweisen sich mit den spanischen „hay" und „está(n)" nicht als deckungsgleich. Die spanischen Verwendungen lassen sich wie folgt systematisieren:

a) *„está(n)"* steht bei determinierten Substantiven. Dies ist meistens der Fall
a1) bei Eigennamen
Bsp.: La Torre Eiffel está en París.
(= Der Eiffelturm ist/steht in Paris.)
a2) bei Substantiven mit bestimmtem Artikel
Bsp.: En el aparador está la jarra de vino.
(= Im Schrank ist der Weinkrug.)
a3) bei Substantiven mit Possessivpronomen
Bsp.: ¡Allí está tu jefe!
(= Dort ist dein Chef!)

b) *„hay"* steht bei unbestimmten Substantiven. Dies ist meistens der Fall
b1) bei Substantiven ohne Artikel
Bsp.: ¿Hay problemas?
(= Gibt es Probleme?)
b2) bei Substantiven mit unbestimmtem Artikel
Bsp.: Muy cerca hay un pueblo de pescadores.
(= Ganz in der Nähe ist/liegt ein Fischerdorf.)
b3) bei Zahlen
Bsp.: Aquí hay dos enchufes.
(= Hier sind zwei Steckdosen.)
b4) bei Indefinitpronomina
Bsp.: No hay mucha bibliografía sobre aquel autor.
(= Es gibt nicht viel Sekundärliteratur zu diesem Autor.)

Sehr oft ist der Kontext maßgebend für die bestimmte oder unbestimmte Verwendung eines Substantivs.

Bsp.: Ayer te llamaron muchos clientes. Algunos están hoy aquí.
(= Gestern haben dich viele Kunden angerufen. Einige sind heute hier.)

Übungen

I. Übersetzen Sie:

1) Ich hoffe, es ist genug Wein da. 2) Ich habe drei Flaschen gekauft, aber auf dem Tisch sind nur zwei; wo ist die dritte? 3) Sind Paul und Andreas zu Hause? – Nein, sie sind nicht da. 4) Im Stadtzentrum findet eine Kundgebung statt. 5) Auf dem Marktplatz sind viele Leute. 6) Es scheint, als ob alle Bewohner der Stadt dort seien. 7) Maria ist noch in der Uni. 8) Die Studentin aus Sevilla ist in der Bibliothek. 9) Ein Mitglied der UGT weist darauf hin, daß es immer noch neun Millionen Analphabeten in Spanien gibt. 10) Auf dem Gleis stehen zwei Züge: der Zug aus Paris steht in den Abschnitten A – B, der Zug aus Madrid in den Abschnitten C – D. 11) Auf dem Bahnsteig stand kaum jemand. 12) Am Freitag ist keine Vorstellung. 13) Im berühmten Kloster „El Escorial" gibt es 1.110 Fenster. 14) Können Sie mir sagen, wo das Italienische Kulturinstitut ist? 15) Sind die Arbeiter in der Werkstatt? – Nein, dort ist niemand. 16) Vor der Tür stehen die drei Angestellten, die Sie sprechen möchten. 17) Das Dorf war vollkommen verlassen, es war keine Menschenseele da. 18) Dort waren militärische Einrichtungen. 19) In dem Gäßchen stehen nur drei Häuser; das Haus, das auf der linken Seite steht, ist das schönste, und im anliegenden Garten steht die älteste Buche im ganzen Land. 20) Das Krankenhaus ist in einem ruhigen Viertel; dort gibt es fast keinen Verkehr. 21) Auf diesem Friedhof ist das Grab Heinrich Heines. 22) In jener Stadt gibt es Reste eines römischen Amphitheaters; sie sind genau im Zentrum.

II. „está(n)"/„hay". Setzen Sie ein:

1) En el norte de España ________ los Pirineos, en los que ________ cumbres de más de 3.000 metros, por ejemplo, el Pico de Aneto. 2) El pico más alto de España, el Mulhacén, ________ en la Sierra Nevada, la zona central del sistema Penibético. 3) En la vertiente cantábrica ________ ríos cortos, pero de abundante caudal y régimen regular, mientras los del litoral mediterráneo son torrenciales y tanto más irregulares cuanto más descienden hacia el sur. 4) En los 4.800 km del litoral peninsular ________ costas abruptas y acantiladas, como la cantábrica, costas recortadas (la gallega) y costas pantanosas (partes de la costa andaluza). 5) La capital de España, Madrid, ________ en el centro de la Península. 6) En todo el país no ________ otra ciudad

tan grande. 7) La industria textil _______ casi exclusivamente en la región vasco-asturiana, en el norte, y en la catalana, al este. 8) En Valladolid _______ industrias químicas y en la propia capital, industria ligera. 9) Al comenzar los tiempos históricos _______ en España los iberos, de origen mediterráneo, y los celtas, de procedencia centroeuropea. 10) Después _______ en la Península varios pueblos foráneos, como los fenicios, griegos y cartagineses. 11) A partir de la segunda guerra púnica (218 – 201 a. de J.C.), los romanos _______ en la Península, principalmente en su parte meridional. 12) Todavía hoy _______ muchos documentos de la cultura romana: acueductos, puentes, anfiteatros, arcos de triunfo etc. 13) El acueducto romano que _______ en Segovia, por ejemplo, tiene 170 arcos y mide 28 m de altura.

H. ÜBERSETZUNGSMÖGLICHKEITEN DER DEUTSCHEN MODAL- UND HILFSVERBEN

1. **Modalverben** (s. Gil/Banús, I.9.13)

Grammatik

a) KÖNNEN. *Wichtigste Übersetzungen:*

a1) *poder*: materielle oder physische Möglichkeit/Fähigkeit

Bsp.: Der Pilot konnte wegen des Gewitters nicht starten.
(= El piloto no pudo despegar por la tormenta.)

a2) *saber*: erlernte oder angeborene Fähigkeit

Bsp.: Mit Hilfe von Büchern wie diesem kann ich schon ziemlich gut Spanisch.
(= Con la ayuda de libros como éste ya sé bastante español.)

a3) *ser capaz de*: Fähigkeit; in der Lage sein, etwas zu tun

Bsp.: Ich kann heute keinen Kilometer mehr fahren, ich bin todmüde.
(= Hoy ya no soy capaz de conducir ni un kilómetro más, estoy cansadísimo.)

b) LASSEN. *Wichtigste Übersetzungen:*

b1) *dejar*

– Erlaubnis

Bsp.: Laß ihn hereinkommen!
(= ¡Déjale entrar!)

– über-, hinterlassen

Bsp.: Das läßt viel zu wünschen übrig.
(= Esto deja mucho que desear.)

b2) *poder*: Möglichkeit
Bsp.: Das läßt sich leicht beweisen.
(= Esto puede demostrarse fácilmente.)
b3) *hacer*: veranlassen
Bsp.: Er ließ uns während der Ferien einmal ins Büro kommen.
(= Nos hizo venir a la oficina una vez durante las vavaciones.)
b4) Als Ausdruck eines *fremden Urhebers*: keine Übersetzung des Modalverbs; oft steht ein reflexives Verb, z.B. cortarse el pelo, hacerse un vestido, bzw. eine Periphrase, z.B. llevar algo a arreglar
Bsp.: Ich lasse mir beim Friseur die Haare waschen.
(= Yo me lavo la cabeza en la peluquería.)

c) MÖGEN. *Wichtigste Bedeutungsvarianten mit ihren spanischen Entsprechungen:*
c1) *Wunsch*
– „Subjuntivo"
Bsp.: Mögen sie glücklich sein!
(= ¡Qué sean felices!)
– „ich möchte" = „quería"/„querría"/„quisiera"
Bsp.: Das möchte ich gerne sehen!
(= ¡Esto quisiera verlo yo mismo!)
c2) *indirekte Aufforderung*: „Subjuntivo"
Bsp.: Er hat uns gesagt, wir mögen noch eine Weile warten.
(= Nos ha dicho que esperemos un rato más.)
c3) *Einräumung*
– „por mucho/muy (+ Adj./Adv.) que + Subjuntivo"
Bsp.: • So reich er auch sein mag,...
(= Por muy rico que sea,...)
• So viel er auch arbeiten mag,...
(= Por mucho que trabaje,...)
– „Subjuntivo"
Bsp.: Wer er auch sein mag,...
(= Sea quien sea,...)
c4) *Vermutung, Zweifel, Unsicherheit*
– „deber de + Infinitiv"
Bsp.: Es mag wohl so sein.
(= Debe de ser así.)
– „Futur"
Bsp.: Er mag 20 Jahre alt sein.
(= Tendrá unos veinte años.)

– „es mag sein, daß“ = „puede ser que + Subjuntivo“

Bsp.: Es mag schon sein, daß er krank ist.
(= Puede ser que él esté enfermo.)

c5) *Gefallen*: „gustar“

Bsp.: Ich mag das nicht.
(= No me gusta eso.)

c6) *Erlaubnis*: „poder“

Bsp.: Er mag sagen, was ihm beliebt.
(= Puede decir lo que le venga en gana.)

c7) „man möchte meinen“: „se diría que“

Bsp.: Man möchte meinen, es sei Winter.
(= Se diría que es invierno.)

d) SOLLEN. *Wichtigste spanische Entsprechungen:*

d1) *haber de + Infinitiv*

– Notwendigkeit, Verpflichtung

Bsp.: Du sollst wissen, daß dies verboten ist.
(= Has de saber que esto está prohibido.)

Koll.: Was soll ich tun?
(= ¿Qué quieres que haga?)

– Nachzeitigkeit

Bsp.: Später sollte er es jedoch bereuen.
(= Luego, sin embargo, habría de arrepentirse de ello.)

d2) *deber + Infinitiv:* moralische Verpflichtung

Bsp.: Du hättest es mir sagen sollen.
(= Deberías habérmelo dicho.)

d3) *tener que + Infinitiv:* Notwendigkeit, Erwartung

Bsp.: Wir sollten eigentlich schon gestern gekommen sein.
(= Bien mirado, tendríamos que haber llegado ya ayer.)

d4) *Subjuntivo:* Indirekte Aufforderung

Bsp.: Er soll sich beeilen.
(= ¡Que se dé prisa!)

d5) *en caso de que + Subjuntivo:* Eventualität

Bsp.: Sollte er anrufen, sag es mir!
(= En caso de que llame, ¡dímelo!)

d6) *Se dice/Dicen que, Según dicen:* Gerücht, Vermutung

Bsp.: In der Schule soll es gebrannt haben.
(= Dicen que ha habido un incendio en la escuela.)

d7) *Futur:* Gebot, Verbot
Bsp.: Du sollst nicht töten!
(= ¡No matarás!)

e) DÜRFEN. *Wichtigste Übersetzungen:*
e1) *permitir:* Erlaubnis; zulassen
Bsp.: Darf ich Sie etwas fragen?
(= ¿Me permite hacerle una pregunta?)
e2) *poder:* Zustimmung, Möglichkeit
Bsp.: Darf man eintreten?
(= ¿Se puede?)
e3) *deber:* moralische Verpflichtung
Bsp.: Das darfst du nicht tun.
(= No debes hacer eso.)
e4) *deber de/creer/Futur:* Vermutung, Wahrscheinlichkeit (dürfte)
Bsp.: – Sie dürfte jetzt wohl angekommen sein.
(= Ella debería de haber llegado ahora.)
– Das dürfte leicht sein.
(= Creo que es fácil/será fácil.)

Übung

Übersetzen Sie:

1) Ich kann dir leider nicht bei der Übersetzung helfen, denn ich kann kein Französisch. 2) Seit seinem Unfall ist er so schwach, daß er nicht einmal mehr einen kleinen Kartoffelsack hochheben kann. 3) Ihr habt uns eine Stunde warten lassen. 4) Laß die Scherze! 5) So sehr es auch regnen mag, ich gehe heute nachmittag spazieren. 6) Ich möchte so gerne mal wieder Lamm essen, aber du magst das ja nicht. 7) Er sagte, ich solle ihn morgen anrufen. 8) Sollte er das wirklich gesagt haben, dann soll er sich bloß nicht mehr hier blicken lassen! 9) Darauf dürfen Sie stolz sein. 10) Das dürfte wohl schon lange her sein. 11) Er kann mit gutem Gewissen sagen, daß er die ganze Grammatik schon kann. 12) Du solltest das Rauchen aufgeben. 13) Ich mag diesen Wein nicht, er ist mir zu herb. 14) Meine Uhr geht immer vor, ich muß sie reparieren lassen. 15) Das dürfte sich erübrigen. 16) Das ist bestimmt wahr, Sie können es mir glauben. 17) Zu diesem Thema ließe sich noch einiges sagen. 18) Die Gründer der Stadt Rom sollen von einer Wölfin aufgezogen worden sein. 19) Das ließ sich leider nicht vermeiden. 20) Ich kann dir leider nicht helfen, ich habe mir den Arm gebrochen. 21) Das sollst du mir büßen. 22) Er hat ihr keine müde Mark gelassen. 23) Darf man hier rauchen ? 24) Das ließe sich eventuell arrangieren.

25) Er sagte mir, ich solle herkommen. 26) Und was soll aus mir werden? – Du sollst noch etwas Geduld haben. 27) Was er auch immer sagen mag, es ist gelogen. 28) Das hätte er nicht tun dürfen. 29) Wir brauchen morgen nicht in die Schule zu gehen, aber dafür sollen wir das ganze Stück übersetzen. 30) Ihr könnt gehen, wenn ihr wollt, die Tür ist offen. 31) Er dürfte wohl ziemlich lange gewartet haben. 32) Laß mich nicht immerzu warten! 33) Was er auch für Gründe haben mag, so etwas tut man nicht. 34) Darüber läßt sich streiten. 35) Der Patient sagt, er könne nicht länger warten. – Er mag hereinkommen. 36) Was soll denn das bedeuten? Wo mag er das gehört haben? 37) Du sollst nicht lügen! 38) Hier bin ich; was soll ich tun? 39) Sie hätten früher kommen sollen, jetzt kann ich nichts mehr für Sie tun. 40) Das kannst du mir nicht weismachen, ich lasse mich nicht täuschen. 41) Wo sie wohl sein mögen, sie lassen mich schon seit einer halben Stunde warten. 42) Ich möchte gerne spazierengehen, aber ich habe keine Zeit. 43) Mit einem einzigen Fingerzeig kann er ein ganzes Haus zum Einsturz bringen. 44) Laßt uns mal eine Pause machen, ich kann nicht mehr.

2. Hilfsverb „werden“ (s. Gil/Banús, I.9.12)

Grammatik

A. Dem deutschen „werden“ mit Adjektiv bzw. Substantiv (Entwicklung, Wandlung) stehen im Spanischen eine Anzahl von „verbos de cambio“ gegenüber.

Es sei ausdrücklich darauf hingewiesen, daß manche Verwendungen als fixierte Wortgefüge dem Bereich des Idiomatischen angehören und als Redewendungen zu lernen sind.

1. Folgende Verben betonen den *Prozeß:*

a) *mit Adjektiv*

a1) *ponerse* (meist eine vorübergehende Veränderung)

Bsp.: Nieves se puso roja de ira al ver a aquel hombre pegar al perro.
(= Nieves wurde rot vor Zorn, als sie jenen Mann den Hund schlagen sah.)

a2) *volverse* (meist eine unvorhersehbare Veränderung)

Bsp.: Desde que perdió a su mujer por una grave enfermedad se ha vuelto muy serio.
(= Seit er seine Frau durch eine schwere Krankheit verlor, ist er sehr ernst geworden.)

a3) *tornarse* (entspricht „volverse"; literarisch/poetisch)

Bsp.: La primavera despierta campos y bosques a una nueva vida, y los hombres se tornan contentos y gozosos.
(= Der Frühling erweckt Felder und Wälder zu neuem Leben, und die Menschen werden froh und glücklich.)

b) *mit Substantiv*

b1) *convertirse en* (wesentliche Veränderung, entspricht „volverse" + Adjektiv)

Bsp.: Bismarck se convirtió después de su muerte en un héroe nacional.
(= Bismarck wurde nach seinem Tod zum Nationalheros.)

b2) *meterse a* (freiwillige Veränderung; bei Berufsbezeichnungen, wobei das Amateurhafte betont wird)

Bsp.: Se ha metido a músico, aunque no tiene estudios para ello.
(= Er ist Musiker geworden/Er versucht sich als Musiker, obwohl er nicht Musik studiert hat.)

c) *mit Adjektiv/Substantiv/Adverb*

c1) *hacerse* (bewußte und beabsichtigte Veränderung)

Bsp.: – La solución del problema se va haciendo cada vez más difícil.
(= Die Lösung des Problems wird immer schwieriger.)
– José se hizo intérprete en cuatro años de intenso estudio.
(= Josef wurde nach vierjährigem intensivem Studium Dolmetscher.)
– Entretanto, ya se hacía de noche.
(= Inzwischen war es schon Nacht geworden.)

c2) *pasar a (ser)* (wesentliche Veränderung)

Bsp.: – En esta empresa, Manolo pasó en poco tiempo a ser un alto directivo.
(= In diesem Unternehmen ist Manolo in kurzer Zeit eine bedeutende Führungskraft geworden.)
– El fervoroso monárquico pasó a republicano por convicción.
(= Aus dem eifrigen Monarchist wurde ein Republikaner aus Überzeugung.)

2. Bei folgenden Verben steht das *Resultat* im Vordergrund:

a) *mit Adjektiv*

a1) *quedarse* (endgültige Veränderung; passivischer Charakter: oft mit Partizip; deutsche Übersetzung eher „sein")

Bsp.: En los últimos años de su vida, el famoso artista se quedó ciego y sordo.
(= In den letzten Jahren seines Lebens wurde/war der berühmte Künstler blind und taub.)

a2) *salir* (unvorhersehbares Ereignis)
Bsp.: En estas nuevas cafeteras sale un café muy cargado aunque eches poca cantidad de café en polvo.
(= Mit diesen neuen Kaffeemaschinen wird der Kaffee sehr schwarz, auch wenn man wenig Pulver verwendet.)

b) *mit Adjektiv/Substantiv*
b1) *llegar a (ser)* (Ergebnis einer längeren, meist mühsamen Entwicklung)
Bsp.: – Ha llegado a sernos imprescindible.
(= Er ist uns unentbehrlich geworden.)
– Llegó a ser Presidente Federal.
(= Er wurde Bundespräsident.)
b2) *resultar* (Endergebnis)
Bsp.: – Si vamos varios, el taxi nos va a resultar más barato.
(= Wenn wir zu mehreren mit dem Taxi fahren, wird es billiger.)
– Este viaje resultó una experiencia inolvidable.
(= Diese Reise wurde zu einem unvergeßlichen Erlebnis.)

B. Eine weitere Entsprechung des deutschen „werden" im Spanischen sind die „verbos incoativos":
Bsp.: – No por mucho madrugar *amanece* más temprano.
(= Durch Frühaufstehen wird es auch nicht eher Tag.)
– ¡Venid a comer! Va ya a *enfriarse* la sopa.
(= Kommt essen! Die Suppe wird schon kalt.)
Vergleichen Sie dazu:
enfadarse: ärgerlich werden
anochecer: Abend werden
desmayarse: ohnmächtig werden

C. Manche Wendungen lassen sich nur auswendig lernen:
Bsp.: – Es wird Zeit, etwas zu tun.
(= Va siendo hora de hacer algo.)
– Was ist aus ihm geworden?
(= ¿Qué ha sido de él?)
etc.

Übungen

I. „Werden" + Adjektiv. Setzen Sie ein: „ponerse"/„volverse"

1) María ________ muy mona en estos últimos años. 2) Al amanecer, el enfermo

_______ peor. 3) Cuando se lo dijimos a su mujer, _______ histérica. 4) Su madre _______ loca cuando tenía 45 años. 5) Entre toda aquella gente rara, Manolo _______ un poco raro también durante su niñez. 6) A Miguel no le puedes decir nada, _______ furioso enseguida. 7) Ya no puedes vender tan fácilmente tus productos. La compentencia _______ muy difícil. 8) Yo _______ muy nervioso al pensar que tengo que ir al dentista. 9) Emigraron a los Estados Unidos hace cinco años y ya _______ muy americanos.

II. „Werden" + Substantiv. Setzen Sie die entsprechenden „verbos de cambio" ein:

1) Felipe _______ socio de ese club este verano. 2) Estoy seguro de que algún día Juan _______ un cantante famoso. 3) Fernando, después de salir de la cárcel, _______ una persona honrada. 4) Su hijo _______ carpintero para continuar la tradición familiar. 5) Si sigues cosechando tantos éxitos en tu carrera, _______ una autoridad algún día. 6) Después de la muerte del rey, su hija _______ reina de España. 7) Un tío suyo _______ Ministro de Asuntos Exteriores en el gobierno anterior. 8) ¿Por qué no _______ profesora? 9) Mi hermano _______ ingeniero después de siete largos años de estudio. 10) En aquellos tiempos, muchos moros _______ cristianos. 11) Antonio _______ vegetariano porque se lo ha ordenado el médico.

III. Formen Sie die Sätze mit einem „verbo de cambio" um:

1) Ramón tuvo un accidente y ahora es cojo. 2) Pasó las vacaciones en las islas Canarias y ahora está muy moreno. 3) Entonces eran jóvenes todavía, pero ahora son viejos. 4) Hizo sol toda la mañana, pero a mediodía, el cielo estaba negro en menos de un minuto. 5) Cuando empezó a trabajar en nuestra oficina, Pere era muy reservado, pero ahora es muy abierto. 6) Inés estaba asombrada al ver allí a su hijo. 7) Felipe era antes antipático, pero ahora es simpático. 8) Amparo está alegre porque ha llamado su novio. 9) El negociante ha hecho un mal negocio y ahora está sin dinero. 10) Carmen se casó a los veinte años, pero era viuda muy joven. 11) De niño, Valentí era un gallina, pero ahora es muy valiente. 12) María está pálida porque le hemos transmitido esta mala noticia.

IV. Setzen Sie ein passendes „verbo de cambio" ein:

1) Los animales domésticos pueden _______ imprevisiblemente caros. 2) Hice la salsa como tú me dijiste y _______ riquísima. 3) ¡No _______ nerviosa, Ana! Todos estamos aquí para ayudarte. 4) Me parece que (tú) ______ muy caprichoso, ¿eh? Antes no eras así. 5) El enfermo _______ bueno en cuanto tomó la medicina. 6) ¡Sigue así, muchacha! Tú _______ pianista famosa. 7) Antes era muy realista, pero

ahora _______ un quijote. 8) Después de estas palabras (él) _______ pensativo. 9) Una colega mía _______ rica con las quinielas el año pasado. 10) La electricidad _______ la primera fuente de energía en el mundo moderno. 11) Marcos _______ huérfano cuando tenía siete años. 12) Todos _______ pálidos al oír la noticia. 13) Decidió _______ misionero y consagrar su vida a convertir infieles. 14) Después de recibir el Premio Nobel, el autor español _______ el novelista más leído de España. 15) En el ataque de una ballena frente a las costas mexicanas _______ muerto un turista y otros tres gravemente heridos.

V. Ersetzen Sie die „incoativos" durch „verbos de cambio":

1) obscurecer 2) entristecerse 3) enmudecer 4) envejecer 5) ennegrecer 6) palidecer 7) enfurecerse

VI. Bilden Sie „incoativos" zu den Adjektiven/Substantiven:

1) rojo 2) rico 3) blanco 4) contento 5) furioso 6) bello 7) noble 8) grande 9) enfado 10) sordo 11) gordo 12) ciego 13) noche

VII. Übersetzen Sie:

1) Da sprach Gott: „Es werde Licht!" Und es ward Licht. 2) Ihm wurde das Herz weit. 3) Es wird kalt. 4) Es wird Zeit zu gehen. 5) Das Essen ist gut geworden. 6) Bei dieser Hitze ist das Fleisch schlecht und die Milch sauer geworden. 7) Es wird schon werden. 8) Mein Anzug, der in der Reinigung war, ist sehr schön geworden. 9) Es wird allmählich regnerisch. 10) Es wird langsam spät. Gehen wir! 11) Und was wird aus uns? 12) Die Situation wird immer klarer. 13) Das muß anders werden. 14) Seit er sie kennt, ist er ein anderer Mensch geworden. 15) Andreas hat schwarze Haare, aber seine Schläfen werden schon grau. 16) Die Vertragspartner wurden sich nicht einig. 17) Die ständigen Reisen werden ihm auf die Dauer zu teuer. 18) Seine Beine zitterten, die Knie wurden ihm weich. 19) Er will Mönch werden. 20) Diese Frau ist weltberühmt geworden. 21) Seine Schwester wurde häufig ungeduldig, vor allem wenn er nach seiner Mutter fragte. 22) Mit der Zeit ist er ein Experte auf dem Gebiet der Kernphysik geworden. 23) Während Carl Zenker wie sein Vater Augenarzt wurde, entschied sich sein Zwillingsbruder Rudolf für die Chirurgie. 24) Dieser wurde 1951 Ordinarius an der Universität Marburg. 25) Jene Zahlen weisen darauf hin, daß Massenarmut ein charakteristisches Merkmal der meisten lateinamerikanischen Länder geblieben oder geworden ist. 26) Der Himmel verdüstert sich, und ein greller Blitz zerreißt ihn wie ein glühendes Schwert; sofort aber wird er wieder blau und klar, als wäre nichts geschehen. 27) Pedro Antonio de Alarcón sollte ursprünglich Priester werden, aber stattdessen wurde er Schriftsteller, der letzte große

spanische Erzähler vor den realistischen Neuerern der 98er Generation. 28) In München hatte ein Vater kurz nach der Geburt seines Sohnes in dessen Namen Wohnungen gebaut; das Baby war damit zum „Unternehmer“ geworden und erzielte schon in den ersten Lebensjahren erhebliche Gewinne.

IX. ZUR VORANSTELLUNG DES DIREKTEN UND INDIREKTEN OBJEKTS (s. Gil/Banús, II.1.1. – II.1.3.)

Grammatik

A. Voranstellung des direkten Objekts

1. Steht ein direktes Objekt (als Thema) *vor* dem Verb (I), muß es –auch wenn es sich dabei um einen substantivierten Relativsatz (II) oder um einen Objektsatz (III) handelt- durch den Akkusativ des entsprechenden Personalpronomens gekennzeichnet werden.

Bsp.: (I) Las flores *las* he traído para ti.
(= Die Blumen habe ich für dich mitgebracht.)
(II) Lo que ahorras tú con afán, otros *lo* derrocharán.
(= Was du dir mühsam erspart hast, werden andere vergeuden.)
(III) Que asesinaron ayer al ministro *lo* oímos en la radio.
(= Daß der Minister gestern ermordet wurde, haben wir im Radio gehört.)

2. Das Personalpronomen steht jedoch nicht, wenn das Objekt *rhematisch* ist, also meistens

a) in Interrogativ- und Ausrufesätzen

Bsp.: – ¿Cuántas páginas del ensayo tienes ya escritas?
(= Wieviele Seiten vom Aufsatz hast du schon geschrieben?)
– ¡Qué casa más grande tienen los dos!
(= Was für ein riesiges Haus die beiden haben!)

b) wenn der Null- oder Indefinitartikel vor dem Objekt steht, mit Ausnahme der Eigennamen.

Bsp.: – ¡Bonitas historias se oyen de él!
(= Schöne Geschichten hört man da von ihm!)
– Ni una sola carta me ha escrito en estas vacaciones.
(= Nicht einen einzigen Brief hat er mir aus dem Urlaub geschrieben.)

B. Voranstellung des indirekten Objekts (Dativ)

Die unter A. genannten Regeln gelten auch für das indirekte Objekt. Bei diesem ist darüber hinaus zu beachten, daß oft auch das Dativ-Personalpronomen steht, wenn das Objekt dem Verb *folgt*.

Bsp.: Al orador no se *le* ocurrió la palabra apropiada./No se *le* ocurrió al orador la palabra apropiada.
(= Dem Redner fiel das passende Wort nicht ein.)

Übungen

I. Setzen Sie das Objekt vor das Verb:

1) El flamenco encanta a los turistas alemanes. 2) Cortés conquistó el país que hoy se llama México. 3) Pienso ver al señor Jiménez el próximo viernes. 4) Nunca te vamos a creer lo que dices. 5) Me hicieron muchísimas preguntas en el examen, y yo no supe contestar ni a una sola, de puro nerviosismo. 6) Debería sucederte lo mismo a ti. 7) Necesitamos ayuda, no consejos. 8) Compraron el pequinés a la niña para que jugara con él. 9) ¿Ya tienes tantos años? 10) La política no (le) interesa a Maribel. 11) Compré aquella estatua en Roma. 12) Un amigo suyo (le) ha arreglado el coche a José. 13) El vigilante sorprendió a los ladrones cuando estaban vaciando la caja de caudales. 14) No sospechaba nadie que el culpable fue/era Ramón. 15) No contó a nadie lo que había visto. 16) Le puedes pedir cualquier favor, te ayudará enseguida. 17) ¿No sabéis contestar a una pregunta tan simple? 18) El profesor sabe que estas preguntas no agradan a los estudiantes. 19) Siempre se (le) escapa la risa a Cecilia en los momentos mas inoportunos. 20) ¿Eligieron presidente del club a don Emilio Sánchez? 21) El presidente ha aplazado la asamblea para el jueves. 22) No se permitirá la entrada al que no tenga carné de identidad. 23) Platón dedica su testamento, su célebre Carta Séptima, a Siracusa. 24) Suelen llamar Protohistoria al estudio de la Edad del Bronce.

II. Setzen Sie das Personalpronomen ein:

1) A quien madruga Dios _____ ayuda. 2) Todo _____ vence el amor. 3) A la hija muda, su madre _____ entiende. 4) A cada pajarillo _____ gusta su nidillo. 5) Al miserable y al pobre, todo _____ cuesta doble. 6) Caballo de regalo, ten_____ por bueno aunque sea malo. 7) Al mejor nadador se _____ lleva el río. 8) Agua que no has de beber, déja_____ correr. 9) A quien mucho miente, _____ huye la gente. 10) A cada pez _____ llega su vez. 11) A la que bien baila, poco son _____ basta. 12) Lo que los ojos no ven, el corazón no _____ desea. 13) A quien paga adelantado, mal _____ sirve su criado. 14) A caballo regalado no hay que mirar_____ el diente. 15) Lo que bien a bien puedas lograr, por fuerza no _____ has de tomar. 16) Al que te puede tomar lo que tienes, da_____ lo que te pidiere. 17) Al mejor cazador se _____ va la liebre. 18) La casa más fea, la alegría _____ hermosea. 19) La alegría _____ da la conciencia limpia. 20) A nadie _____ parece poco lo que da, ni mucho

lo que tiene. 21) Mantener casa, no _____ sabe nadie sino quien lo pasa. 22) Al saber _____ llaman suerte.

III. Stellen Sie bei der Übersetzung ebenfalls das Objekt vor das Verb:

1) Diese Bücher gab mir eine meiner Kommilitoninnen. 2) Das kann mir keiner mehr wegnehmen. 3) Diesem Menschen fehlt es an nichts. 4) Wieviel Geld du ausgegeben hast! 5) Nur wenige Menschen gibt es, die so großherzig sind wie er. 6) Welch entsetzlichen Lärm diese Maschinen machen! 7) Uns macht es gar nichts aus, daß es schneit. 8) Was du uns gerade erklärt hast, verstehen wir noch nicht so ganz. 9) Diese Gelegenheit solltest du nicht ungenutzt vorbeiziehen lassen. 10) Das halten wir für sehr wichtig. 11) Daß Andrés sich auf Carlos' Seite gestellt hat, kann ich nicht verstehen. 12) Viel Geld mußte er bezahlen, weil er den Unfall verschuldet hatte. 13) Was er mir damals sagte, wiederhole ich besser nicht. 14) Wir trauen uns nicht, aber wir sind sicher, daß dir nicht der Mut dazu fehlt. 15) Jenes Buch schrieben sie in drei Monaten. 16) Wer einmal lügt, dem glaubt man nicht. 17) So viel Zeit brauchst du noch? 18) Antonio gefällt es überhaupt nicht, daß er sogar samstags arbeiten muß. 19) Das haben wir befürchtet. 20) Wißt ihr, wo Pilar und Pere sind? – Pere haben wir in der Bibliothek gesehen, aber Pilar suchen wir auch. 21) Irgendeinen Grund wird er wohl haben, weshalb er uns nicht anruft. 22) Den führst du nicht hinters Licht. 23) Der alten Frau füllen sich die Augen mit Tränen, wenn man von ihrem Sohn spricht, der im Bürgerkrieg gefallen ist. 24) Wieviele Opfer forderte dieser Krieg! 25) Allen, die mehr über dieses Thema erfahren wollen, empfehlen wir, dieses Buch zu lesen. 26) Die Mehrheit der Brücken, die in Spanien vor dem 19. Jahrhundert existierten, erbauten die Römer.

X. DIE ZEITENFOLGE (s. Gil/Banús, II.2.)

Im Gegensatz zum Deutschen wird im Spanischen die Zeitenfolge strenger eingehalten. In besonderem Maße gilt dies für Nebensätze im Subjuntivo, während bei solchen im Indikativ vergleichsweise größere Freiheit herrscht. Im folgenden wird das Grundschema der Zeitenfolge mit Hilfe von Objektsätzen (s. Kap. XI. A.1.) dargestellt, da sich dieser Satztypus hierfür besonders gut eignet.

A. DIE ZEITENFOLGE IM INDIKATIV

Grammatik

1. Die Regeln der Zeitenfolge im Indikativ sind die folgenden:

a) *Hauptsatz im Tempus primarium* (Nicht-Vergangenheit)

Nebensatz:
- bei Gleichzeitigkeit: Präsens
- bei Vorzeitigkeit: Imperfekt/Indefinido/Perfekt
- bei Nachzeitigkeit: Futur

Bsp.: No dudo que
- dices la verdad.
- decías/dijiste/has dicho la verdad.
- dirás la verdad.

(= Ich zweifle nicht daran, daß du die Wahrheit sagst/gesagt hast/sagen wirst.)

b) *Hauptsatz im Tempus secundarium* (Vergangenheit)

Nebensatz:
- bei Gleichzeitigkeit: Imperfekt/Indefinido
- bei Vorzeitigkeit: Plusquamperfekt
- bei Nachzeitigkeit: Potencial

Bsp.: No dudé que
- decías/dijiste la verdad.
- habías dicho la verdad.
- dirías la verdad.

(= Ich zweifelte nicht daran, daß du die Wahrheit sagtest/gesagt hattest/sagen würdest.)

(Zum Gebrauch von Indefinido, Imperfekt und Perfekt s. Gil/Banús, I.9.4.B, C und D)

2. *Die indirekte Rede*

a) Unter den Objektsätzen sei die indirekte Rede hervorgehoben. Während im Deutschen in indirekten Aussagesätzen meistens der Konjunktiv steht, wird im

Spanischen der Indikativ verwendet, wobei auch hier die Zeitenfolge strenger einzuhalten ist als im Deutschen.

Bsp.: – Dice que – está de acuerdo con todo.
– estaba/estuvo/ha estado de acuerdo con todo.
– estará de acuerdo con todo.
(= Er sagt, daß er mit allem einverstanden sei/gewesen sei/sein werde.)
– Dijo que – estaba/estuvo de acuerdo con todo.
– había estado de acuerdo con todo.
– estaría de acuerdo con todo.
(= Er sagte, daß er mit allem einverstanden sei/gewesen sei/sein werde.)

b) *Besonderheiten* der indirekten Rede

b1) Im Deutschen kann der indirekte Aussagesatz ohne Konjunktion verbunden werden und braucht sogar kein einleitendes Verb des Sagens; der Konjunktiv zeigt in diesem Fall eindeutig an, daß es sich um eine indirekte Rede handelt.

Im Spanischen muß dagegen –da der Modus der indirekten Rede der gleiche ist wie in der direkten Rede- entweder ein einleitendes Verb und die Konjunktion „que" oder aber ein Einschub stehen. In jedem Falle steht der Indikativ.

Bsp.: – Er erzählte, er habe 5 Jahre in Spanien gelebt.
(= Contó que había vivido cinco años en España.)
– Paco kommt wütend ins Büro. Er habe den Zug verpaßt und sei den ganzen Weg gerannt, um nicht allzu spät zu kommen.
(= Paco entra enfurecido en la oficina. Perdió el tren –dijo- y ha venido todo el camino corriendo para no llegar demasiado tarde.)

b2) Einer doppelten Markierung der indirekten Rede im Deutschen (Konjunktiv und expliziter Hinweis) steht im Spanischen nur die ausdrückliche Wendung gegenüber.

Bsp.: Es *werde* allmählich Zeit, *so der Minister,* sich nach einem geeigneten Kandidaten umzusehen.
(= Ya va siendo hora *–según el ministro-* de buscar un candidato apropiado.)

Übungen

I. Setzen Sie die richtige Zeit ein:

1) Antonio juró que hasta el momento no (traicionar) _________ a nadie y que no lo (hacer) _________ en el futuro. 2) ¡No prometas que no lo (hacer) _________! 3) Isabel recordó que ya le (ver) _________ una vez hacía tiempo. 4) Paco nos ha dicho esta mañana que (tú; empezar) _________ a trabajar en nuestra empresa en mayo próximo. 5) ¿No recuerdas que hace diez años (nosotros; estar) _________ una vez aquí? 6) ¿Sabes que tu jefe (ser) _________ un gran boxeador en los años setenta? 7) Recuerdo ahora perfectamente que me lo (contar) _________ tú. 8) ¿Por qué crees

que todos (confiar) _________ en ti? 9) El político afirmó que en los próximos meses (hacer) _________ todo lo posible para remediar ese inconveniente. 10) Confesó que (ser) _________ él el causante de la desgracia del año pasado. 11) ¿Seguro que estaba convencido de que su plan (resultar) _________ bien en un futuro tan inseguro? 12) El propio Gobierno de Londres sostiene que no se (poder) _________ resolver militarmente ese conflicto. 13) La oficina de información palestina aseguró que la cifra de víctimas a causa de la represión israelí en Cisjordania y Gaza (ascender) _________ ya a 87 el año pasado. 14) Hasta la fecha ha hecho sol todo el verano; esto significa que el vino de esta cosecha (ser) _________ el mejor de los últimos diez años.

II. Übersetzen Sie:

a)

1) Er gesteht, daß er die Unterschrift gefälscht hat. 2) Maria fühlte, daß da etwas nicht stimmte. 3) Ich bin der Meinung, daß das von keinerlei Bedeutung ist. 4) Ich las in der Zeitung, daß das Hochwasser zum letzten Mal 1980 die gesamte Südstadt überschwemmt hatte. 5) Ich weiß jetzt schon, daß ihr mich nicht verstehen werdet. 6) Sie merkten nicht, daß wir sie beobachteten. 7) Seht ihr nicht, daß ich beschäftigt bin? 8) Der Vorstand hat heute morgen beschlossen, daß die Satzung geändert wird. 9) Ich habe gehört, daß dich das eine große Überwindung gekostet hat. 10) Im August schätzten wir noch, daß wir die Arbeit bis Ende des Jahres abschließen würden. 11) Und du glaubtest, du würdest es nie schaffen! 12) Der US-Präsident hat gestern zugesagt, daß die Importrestriktionen für Waren aus den Andenländern gelockert werden. 13) Ich bezweifle nicht, daß er es ernst meint. 14) Erst viele Jahre später sollte einer seiner Schüler beweisen, daß er mit seiner Theorie recht hatte.

b)

1) Die Alten sagen immer, die Zeiten hätten sich geändert. 2) Soeben wurde bestätigt, daß die Wahl ungültig ist. 3) Man munkelte, die Wahl sei manipuliert worden. 4) Du willst doch wohl nicht behaupten, du habest das nicht gewußt? 5) Irland teilte gestern als amtierende EG-Präsidialmacht mit, die zwölf Staats- und Regierungschefs träfen sich in der zweiten April-Hälfte in Dublin. 6) Ein irischer Regierungssprecher sagte, ein genaues Datum gebe es noch nicht. 7) In einem Absatz der „Erklärung von Cartagena" heißt es, Militär werde gegen die Kokainkartelle eingesetzt, doch jeweils nur im eigenen Land. Militärhilfe von außen komme nur auf ausdrückliches Ersuchen der Regierungen in Frage. 8) In der vergangenen Woche wurde bei Ausgrabungsarbeiten in der Nähe der türkischen Stadt Adama ein sensationeller Fund gemacht; Erklärungen des Direktors des dortigen Archäologischen Instituts zufolge handele es sich dabei um mehrere Grabstätten aus dem 3. vorchristlichen Jahrhundert.

III. Formen Sie in die indirekte Rede um:

1) Entonces prometió: „Lo enviaré mañana." 2) Rodrigo reconoce: „No lo haré gustoso." 3) „España" –explicaba el profesor- „estuvo durante siglos bajo el dominio árabe." 4) La semana pasada Carmen nos contó: „Iré a Sevilla por un año." 5) Pere añadió: „Yo también estoy de acuerdo." 6) „El Gobierno Federal" – así destaca el diputado – „está dispuesto a hacer este convenio." 7) El portavoz declara: „¡No voy a aguantar esa afrenta sin protestar!" 8) Antes de emprender el viaje a los Estados Unidos, el líder israelí afirmó: „No me dejaré convencer por presiones internacionales." 9) El Ministro de Transportes comunicó: „La limitación de la velocidad no ha servido para reducir los accidentes mortales." 10) El político ha dicho esta mañana: „Lo importante ahora es hacer un buen programa; pueden adherírseme los partidos que lo acepten."

IV. Formen Sie in die indirekte Rede um:

Lázaro contó que...

(Fragmento modernizado del último episodio de la novela picaresca „La Vida de Lazarillo de Tormes", siglo XVI)

„Tengo el cargo de pregonar los vinos que se venden en esta ciudad (...); acompaño a los que padecen persecuciones por justicia y declaro a voces sus delitos: soy pregonero, como se dice en buen romance (= castellano). Hace años, el señor arcipreste de San Salvador de Toledo, teniendo noticias de mi persona, procuró casarme con una criada suya. Y así, me casé con ella, y hasta la fecha no me arrepiento de ello. Nos hizo alquilar una casilla a par de (= al lado de) la suya. Los domingos y casi todas las fiestas comíamos en su casa. Pero, malas lenguas, que nunca faltaron ni faltarán, no nos dejan vivir en paz hablando mal de mi mujer. Sin embargo, cuando siento (= oigo) que alguno quiere decir algo de ella, le atajo y le digo:

– Mire, si Vd. es amigo, no me diga cosa con que me enfade, que no tengo por amigo al que me hace enfadar, mayormente si me quiere meter mal con mi mujer, que es la cosa del mundo que más quiero y a la que amo más que a mí mismo. Yo juraré que es tan buena mujer como cualquiera dentro de Toledo. A quien me diga otra cosa, le mataré.

De esta manera no me dicen nada y yo tengo paz en mi casa."

B. DIE ZEITENFOLGE IM SUBJUNTIVO

Grammatik

1. Die Regeln für die Zeitenfolge im Subjuntivo sind die folgenden:

a) *Hauptsatz im Tempus primarium* (Nicht-Vergangenheit)
Nebensatz: – bei Gleichzeitigkeit: Präsens
– bei Vorzeitigkeit: Perfekt
– bei Nachzeitigkeit: Präsens
Bsp.: Temo que no lo – entienda.
– haya entendido.
– entienda.
(= Ich fürchte, daß er es nicht versteht/verstanden hat/verstehen wird.)

b) *Hauptsatz im Tempus secundarium* (Vergangenheit)
Nebensatz: – bei Gleichzeitigkeit: Imperfekt
– bei Vorzeitigkeit: Plusquamperfekt
– bei Nachzeitigkeit: Imperfekt
Bsp.: Temía que no lo – entendiera.
– hubiera entendido.
– entendiera.
(= Ich fürchtete, daß er es nicht verstand/verstanden hatte/verstehen würde.)

2. Es ist zu beachten, daß im Spanischen der Subjuntivo auch in der indirekten Rede steht, wenn das einleitende Verb einen *Einfluß* auf den Nebensatz ausübt (vgl. Kap. XI. A.1.a).
Das ist z.B. bei der *indirekten Aufforderung* oder der *indirekten Warnung* der Fall.
Bsp.: – Le ruegan que les lleve al aeropuerto.
(= Sie bitten ihn darum, daß er sie zum Flughafen fahre.)
– Le eché en cara que no me hubiera avisado a tiempo.
(= Ich warf ihm vor, er habe mich nicht rechtzeitig gewarnt.)
– Le dije que viniera hoy pronto a casa.
(= Ich sagte ihm, er solle heute früh nach Hause kommen.)

Übungen

I. Setzen Sie die richtige Zeit ein:

1) Sentimos mucho que Paco (irse) _________ ya hoy. 2) Carmen quiere que la (nosotros; acompañar) _________ mañana. 3) No había oído yo entonces que ella (enfadarse) _________ una semana antes. 4) Él tampoco creía que ella (regresar) _________ algún día. 5) Hoy siento que entonces no (ocuparse) _________ suficientemente de mis hijos. 6) No pensaban que (él; poder) _________ cambiar nada. 7) ¡Ni siquiera le he agradecido que él (interceder) _________ por mí! 8) Los estudiantes consideraron conveniente que el profesor (repetir) _________ ese capítulo de la gramática. 9) No veo que (tú; trabajar) _________ lo suficiente. 10) La Coordinadora Estatal de Organizaciones Pacifistas (CEOP) y la Campaña Bases Fuera

coincidieron en rechazar que Torrejón de Ardoz (convertirse) _________ en centro operativo del Ejército del Aire. 11) Nadie cree en la capital que el ministro (tener) _________ la intención de dimitir a corto plazo. 12) Se espera que el máximo dirigente soviético (aprovechar) _________ su visita a aquel país para pronunciar un discurso de principios sobre la política a seguir para solucionar los problemas de las minorías. 13) Las Cortes de Aragón han solicitado que el Ministro de Asuntos Exteriores (informar) _________ en la Cámara regional sobre los efectos que el tratado bilateral España – Estados Unidos va a producir en relación con la base de Zaragoza. 14) De esta votación, calificada de histórica en Colombia, los optimistas esperan que (abrir) _________ nuevos espacios para la democracia y (contribuir) _________ a poner fin al caciquismo municipal, mientras los pesimistas temen que (desencadenar) ________ una matanza sistemática de alcaldes.

II. Übersetzen Sie:

1) Ich glaube nicht, daß er Lust hatte, uns anzurufen. 2) Ihr war nicht bekannt, daß er zwei Jahre im Gefängnis gesessen hatte. 3) Sie wünschten, daß wir nicht so voreilig gehandelt hätten. 4) Der Parteivorsitzende fürchtete, daß es zur Spaltung der Partei käme. 5) Die meisten zweifeln daran, daß es zu einer Einigung kommt. 6) Glaubst du, daß Andrés die Wahl gewinnt? – Ich halte es für fraglich, daß er überhaupt eine Stimme bekommt. 7) Ich glaube nicht, daß er mich noch einmal fragen wird. 8) Ich ziehe es vor, daß wir uns in meinem Büro treffen. 9) Er bezweifelte, daß es überhaupt möglich sein könnte, die Dinge so zu tun. 10) Die Studenten wollten erreichen, daß eine Nachklausur zu Beginn des nächsten Semesters angeboten werden würde.

III. Formen Sie in die indirekte Rede um:

1) Me dice: „¡Espérame!“ 2) Nos dijo: „¡Nunca volváis a poner el pie en mi casa!“ 3) Antonio se frotaba las manos de contento: „Mañana es domingo.“ 4) Paco vino y se quejó: „Nadie me toma en serio.“ 5) Pedí a un colega: „Lleva tú las cartas al buzón.“ 6) Dice: „¡Llámadme a las tres!“ 7) María rogó a su hermano: „Ayúdame a resolver los problemas de matemáticas, por favor.“ 8) El alumno negó: „No me han pedido esta lección.“ 9) El médico rogó al paciente: „Regrese Vd. mañana.“ 10) El presidente ordenó al alborotador: „¡Salga Vd. de la sala!“ 11) El jefe advirtió al aprendiz: „¡No vuelvas a llegar tarde!“ 12) El guía de la expedición ordena: „A partir de mañana se reduce la ración de agua.“ 13) Su tío le advirtió en su lecho de muerte: „No pienses sólo en ti y en tus problemas durante tu vida.“ 14) Su marido se alegró mucho y exclamó: „Por fin has cambiado hoy los manteles del comedor!“

XI. DER NEBENSATZ

A. SUBSTANTIVSÄTZE

1. Objektsätze (s. Gil/Banús, II.5.2.B)

Grammatik

Objektsätze erfüllen die Funktion des direkten bzw. präpositionalen Objekts des Hauptverbs.

Bsp.: María ve que viene su hermano.
(= Maria sieht, daß ihr Bruder kommt.)
– María se alegra de que venga su hermano.
(= Maria freut sich darüber, daß ihr Bruder kommt.)

Modus:

a) *Subjuntivo*

a1) wenn das Hauptverb einen *Einfluß* auf den Objektsatz ausübt.
Bsp.: Exige que terminemos hoy este trabajo.
(= Er verlangt, daß wir diese Arbeit heute beenden.)

a2) wenn das Hauptverb eine emotionale *Reaktion* ausdrückt.
Bsp.: Se alegraron de que les hubiéramos ido a ver.
(= Sie freuten sich darüber, daß wir sie besucht hatten.)

b) *Indikativ:* wenn das Hauptverb die Handlung des Objektsatzes *konstatiert*. Meistens durch:

b1) Verben des Sagens
Bsp.: Afirma que es inocente.
(= Er beteuert, daß er unschuldig ist.)

b2) Verben der Wahrnehmung
Bsp.: Podemos oír que los vecinos están otra vez discutiendo.
(= Man kann hören, daß unsere Nachbarn sich wieder einmal streiten.)

b3) Verben der geistigen Aktivität
Bsp.: También ha tenido en cuenta que pueden surgir dificultades.
(= Er hat auch bedacht, daß Schwierigkeiten auftreten können.)

Bei b1) bis b3) steht jedoch *Subjuntivo*, wenn die Hauptverben verneint sind.

Bsp.: – No me acuerdo de que me lo hayas regalado.
(= Ich kann mich nicht daran erinnern, daß du mir das geschenkt hast.)
– No digo que sea mentira.
(= Ich sage nicht, daß es gelogen ist.)

Außer wenn:

1) die Verneinung zugleich eine Feststellung ist.

Bsp.: No nota que le están engañando.
(= Er merkt nicht, daß sie ihn hereinlegen.)

2) es sich um eine direkte oder indirekte Frage handelt.

Bsp.: – ¿No crees que ella tiene razón?
(= Glaubst du nicht, daß sie recht hat?)
– Ni siquiera se informa si ya están mejor.
(= Er erkundigt sich nicht einmal, ob es ihnen schon besser geht.)

3) ein Verbot ausgesprochen wird.

Bsp.: ¡No creas que yo no lo sabía!
(= Glaub nicht, daß ich das nicht wüßte!)

Übungen

I. Übersetzen Sie:

1) Ich muß gestehen, daß ich nichts davon wußte. 2) Ich möchte lieber, daß du mir das sagst. 3) Der Beklagte betonte, daß er gegen das Urteil Berufung einlegen werde. 4) Ich habe beobachtet, daß du in letzter Zeit sehr nervös bist. 5) Du mußt dich doch daran erinnern, daß ich dir das gesagt habe. 6) Damals rechneten wir nicht damit, daß dies schwere Folgen nach sich ziehen könnte. 7) Weißt du eigentlich nicht, daß du dich damit strafbar machst? 8) Behauptet dann bloß nicht, ich hätte euch nicht gewarnt. 9) Er hat nie davon geträumt, daß er jemals im Lotto gewinnen könnte. 10) Ich habe nie behauptet, daß ich dir bei einer solchen Gaunerei helfen würde. 11) Er hat nie hevorgehoben, daß er Klassenbester war. 12) Ich habe nie behauptet, daß Antonio der Klassenbeste sei. 13) Sie hat sogar bedacht, daß es einen Stau geben könnte. 14) Ich ärgere mich darüber, daß meine kleine Schwester die Eintrittskarten verlegt hat. 15) Die Behörden bestätigen soeben, daß bei den gestrigen Vorfällen zwanzig Menschen ums Leben kamen. 16) Sie lehnen es ab, daß der Vertrag unter solchen Umständen zustande kommt.

II. Indikativ oder Subjuntivo? Setzen Sie ein:

1) El portavoz agregó que cuatro de las víctimas del alud (ser) ________ turistas suecos. 2) Sugiero que (nosostros; aplazar) ________ la sesión para el martes. 3) Siento

un poco que me (él; decir) _______ esas cosas. 4) Todos los reclutas juraron solemnemente que (servir) _______ fieles a la patria. 5) Advertí que la puerta no (estar) _______ cerrada. 6) Sugerí que esa puerta no (estar) _______ nunca cerrada. 7) Creo que la situación (volverse) _______ más complicada que antes. 8) No pensábamos que te (ella; poder) _______ causar daño. 9) No creas que yo no (ser) _______ capaz de hacerlo. 10) No puedo decir que María ya (ir) _______ aliviándose. 11) Siente que le (abandonar) _______ las fuerzas. 12) Al profesor le molestó que nadie (saber) _______ la respuesta. 13) ¿No sabías que te (ellos; proponer) _______ para el cargo? 14) No notó que le (nosotros; observar) _______. 15) Yo no veía que (tú; llevar) _______ escayolado el brazo. 16) Después de madura reflexión creemos que esto (ser) _______ lo mejor para todos. 17) La oposición considera que la semana que hoy comienza (ser) _______ clave para la caída del general. 18) Antes de arrancar el coche asegúrese de que todos los ocupantes (ponerse) _______ el cinturón de seguridad. 19) Un portavoz de la aviación militar informó que (resultar) _______ heridas diez personas en el aterrizaje de un avión-cisterna americano.

III. Verben mit Indikativ oder Subjuntivo (setzen Sie erst ein und übersetzen Sie dann die Sätze):

1) Admitió que un mes antes (él; obrar) _______ atolondradamente. Admito que no (tú; poder) _______ revelar el secreto.

2) Nos amenazó con represalias, advirtiéndonos que no (aceptar) _______ esa invitación. Nuestra propuesta no le ha gustado y nos advierte que no la (aceptar) _______ jamás.

3) No creemos que (él; alcanzar) _______ el fin propuesto. No me creyó que (morir) _______ su amigo hacía unas horas.

4) No dudo que él lo (hacer) _______ ayer sin querer. Duda que ella (tener) _______ una explicación digna de crédito.

5) Espero que (ellos; poder) _______ terminar este trabajo hoy mismo, pero no estoy seguro. Ya hace una hora que ha salido y no quería estar mucho tiempo fuera; espero que (ella; volver) _______ pronto.

6) El chico niega que (ser) _______ él quien lo hizo. No niega que (ser) _______ él quien causó el accidente.

7) Recuerda que ya (nosotros; estar) _______ una vez en ese lugar. Le recordé repetidamente que no (olividarse) _______ de ponerse el cinturón de seguridad.

8) (Me) temo que los invitados no (encontrar) _______ el camino, porque lo has dibujado mal en la invitación. No sé lo que pasará hoy, pero temo que (venir) _______ poca gente a la conferencia de este político.

9) He pensado que (vosotros; ir) _______ de vacaciones al extranjero para practicar

el idioma. No pienso que ese proyecto (poder) _______ realizarse. ¿Piensas que tu plan (resultar) _______ bien?
10) Dice que no (él; poder) _______ llamarla esta tarde. El profesor dijo al alumno que (salir) _______ del aula. ¡No digáis que no lo (saber) _______ ! No dijimos que los deberes (ser) _______ demasiado fáciles.

2. Subjektsätze (s. Gil/Banús, II.5.2.C)

Grammatik

Sie erfüllen die Funktion des Subjekts des Hauptverbs.
Meist sind Subjektsätze das Subjekt eines übergeordneten Satzes, der aus Subjekt, Kopula und Nominalprädikat besteht.
Bsp.: No es necesario que se inscriba uno personalmente.
(= Es ist nicht notwendig, daß man sich persönlich einschreibt.)

a) ***Anknüpfungsmöglichkeiten***
a1) *El (hecho de) que:* hebt den Substantivcharakter des Satzes hervor und wird meistens bei Voranstellung verwendet.
Bsp.: El que digas esas tonterías me sorprende mucho.
(= Es wundert mich sehr, daß du solche Dummheiten sagst.)
a2) *Lo/eso/aquello de que:* wenn sich der Subjektsatz auf Bekanntes oder eben Erwähntes bezieht.
Bsp.: – Lo de que tú sacaras mejores notas que ella la hizo morirse de envidia.
(= Daß du besser abgeschnitten hast als sie, ließ sie vor Neid erblassen.)
– Eso de que ella haya desaparecido no puede ser más que un rumor.
(= Daß sie verschwunden ist, kann ja wohl nur ein Gerücht sein.)
– Aquello de que el padre pegó al hijo ocurrió hace muchos años.
(= Daß der Vater seinen Sohn verprügelte, geschah vor vielen Jahren.)

b) ***Modus***
b1) *Indikativ*:
wenn der übergeordnete Satz eine Feststellung bzw. einen Sachverhalt zum Ausdruck bringt.
Bsp.: Es cierto que ellos no regresarán jamás.
(= Es ist eine Tatsache, daß sie nie wieder zurückkommen werden.)
b2) *Subjuntivo*:
wenn der übergeordnete Satz eine (subjektive) Bewertung ausdrückt.
Bsp.: Es improbable que acepte nuestras condiciones.
(= Es ist unwahrscheinlich, daß er auf unsere Bedingungen eingeht.)

Übungen

I. Übersetzen Sie:

1) Stimmt es, daß die Firma in Konkurs gegangen ist? 2) Es stand außer Frage, daß sie sich dort wohlfühlen würden. 3) Es wundert mich, daß ihr das so schnell verstanden habt. 4) Es ist nur ein Glück, daß bei dem Brand kein Mensch zu Schaden kam. 5) Es ist nicht nötig, daß du mir jeden Tag einen Brief schreibst. 6) Es ist nicht wahrscheinlich, daß er heute abend kommt. 7) Es wundert mich sehr, daß niemand aufmacht. 8) Daß er bei dieser Sache noch einmal mit einem blauen Auge davongekommen war, überraschte uns alle. 9) Es war ihm eine Genugtuung, daß der Gegenkandidat so wenige Stimmen erhalten hatte. 10) Das versteht sich ja wohl von selbst, daß wir dich nicht alleine lassen. 11) Es ist nicht auszuschließen, daß seine Behauptung stimmt. 12) Es ist kaum zu erwarten, daß sie vor Mitternacht eine Entscheidung getroffen haben. 13) Es ist bemerkenswert, daß er die lange Strecke in so kurzer Zeit zurückgelegt hat. 14) Auf meine Frage hin antwortete Manolo: Es ist kein Geheimnis, daß Waffen ins Ausland verkauft werden. 15) Es wird bestritten, daß der Unfall so stattgefunden hat. 16) Daß die Unkosten gedeckt sein werden, das steht wenigstens schon einmal fest. 17) Es soll mir nur recht sein, daß sie zu Hause bleiben.

II. Subjuntivo oder Indikativ? Setzen Sie ein:

1) El que Manolo (ser) ________ el asesino de la novela, es difícil de creer. 2) Es verdad que le (condenar) ________ a tres años de cárcel. 3) No merece la pena que (nosotros; hacer) ________ grandes esfuerzos por esa pequeñez. 4) No es seguro que (ir) ________ aumentando los salarios. 5) No es verdad que los políticos (llegar) ________ ya a un acuerdo. 6) Es evidente que los dos no (llevarse) ________ bien. 7) El que no me (tú; llamar) ________ me preocupaba mucho. 8) Es obvio que los dos alumnos (estar) ________ distraídos. 9) Es de temer que el enfermo no (quedarse) ________ en la cama. 10) Le indigna de que le (ellos; contar) ________ chistes verdes. 11) Aquello de que (él; caerse) ________ al agua completamente vestido era para morirse de risa. 12) No nos da envidia que (tú; tener) ________ tanto éxito. 13) Eso de que siempre me (hacer) ________ falta un solo número para ganar en la lotería me deprime enormemente. 14) No es vergonzoso que no lo (tú; saber) ________ . 15) Está claro que el brazo (quedarse) ________ anquilosado, para siempre. 16) Sería mejor que (él; dedicarse) ________ más al estudio que al deporte. 17) Eso de que (haber) ________ tanta pobreza en esa ciudad no le causó impresión alguna.

3. Präpositionale Attributivsätze (s. Gil/Banús, II.5.2.D)

Grammatik

a) *Form*
Dt.: Substantiv/Adjektiv + daß-/Infinitivsatz
Sp.: Substantiv/Adjektiv + *Präposition* + que-Satz
Bsp.: – Mi reproche *de que* no había estudiado bastante ha hecho milagros.
(= Mein Vorwurf, er habe nicht genug gelernt, hat wahre Wunder gewirkt.)
– Soy consciente *de que* tengo que estudiar mucho para aprobar el examen.
(= Ich bin mir dessen bewußt, daß ich noch viel lernen muß, um die Prüfung zu bestehen.)

b) *Modus* (es gelten die gleichen Kriterien wie bei den Objektsätzen)
b1) *Subjuntivo:*
– wenn das Hauptverb einen *Einfluß* auf den Attributivsatz ausübt.
Bsp.: Dio la orden de que se mantuviera la posición a todo trance.
(= Er gab den Befehl, daß die Stellung unter allen Umständen gehalten werden solle.)
– wenn das Hauptverb eine emotionale *Reaktion* ausdrückt.
Bsp.: Está muy orgulloso de que hayamos ganado la copa.
(= Er ist sehr stolz darauf, daß wir den Pokal gewonnen haben.)
b2) *Indikativ:*
einfache *Feststellung*, Aussage, Wahrnehmung, Meinung
Bsp.: Tengo la impresión de que todo saldrá bien.
(= Ich habe den Eindruck, daß alles gutgehen wird.)

Übungen

I. Übersetzen Sie:

1) Du trägst die Verantwortung dafür, daß alles pünktlich geliefert wird. 2) Er war sehr überrascht, daß wir schon eine Woche früher kamen. 3) Haben Sie etwas dagegen, daß ich das Fenster öffne? 4) Sein Geständnis, daß er den Einbruch verübt hatte, brachte ihm 5 Jahre ein. 5) Er hat seinen Kindern die Erlaubnis gegeben, daß sie alleine in Urlaub fahren dürfen. 6) Er war es satt, daß sie ihm ständig wegen jeder Kleinigkeit eine Szene machte. 7) Er nahm die Tatsache, daß seine Frau schließlich doch eine Arbeit gefunden hatte, zum Anlaß, ein großes Fest zu feiern. 8) Es besteht kein Zweifel, daß er eines Tages ein hervorragender Arzt sein wird. 9) Jedesmal, wenn er über die Straße ging, hatte er Angst, daß ihn ein Auto überfahren

würde. 10) Der Vorwurf, daß es bei der Wahl nicht mit rechten Dingen zugegangen sei, erwies sich als begründet. 11) Er hatte so eine Ahnung, daß er nicht mehr lange in Armut leben müßte. 12) Die Polizei fand auf dem verlassenen Fabrikgelände Spuren, daß sich dort Terroristen versteckt haben müßten. 13) Seine Warnung, daß der Damm dem Sturm nicht standhalten könnte, wurde in den Wind geschlagen. 14) Von verschiedenen Seiten werden Forderungen laut, daß keine Früchte mehr aus Südafrika verkauft werden sollen. 15) Aus der Tatsache, daß das Flüstern allmählich immer lauter wurde, zog er den Schluß, daß der Unterricht sich dem Ende zu neigte. 16) Auch wenn wir davon überzeugt sind, daß die Hälfte von euch wieder abspringt, sind wir doch dafür, daß wir jetzt endlich mit der Ausführung des Planes beginnen. 17) Schon der bloße Gedanke, daß ihnen etwas passiert sein könnte, jagt mir einen Schauder über den Rücken. 18) Der Zeuge hat das Recht, seine Aussage zu verweigern, wenn die Möglichkeit besteht, daß er sich dabei selbst belastet. 19) Er äußerte seine Besorgnis, daß sich die Situation inzwischen weiter verschärft haben könnte. 20) Die Tatsache, daß ihr diese Klausur mit Glanz bestanden habt, heißt noch lange nicht, daß ihr euch jetzt auf euren Lorbeeren ausruhen könnt.

II. Subjuntivo oder Indikativ? Setzen Sie ein:

1) Ya es hora de que te (poner) ________ a preparar el examen. 2) Accedimos con gusto a su ruego de que le (esperar) ________ . 3) La edad entre 55 y 65 años está caracterizada por la conciencia de que se (estar) ________ acabando una etapa de la vida. 4) El presidente expresó el deseo de que la reunión se (aplazar) ________ . 5) ¿Cuáles son las causas de que no (vosotros; poder) ________ asistir a la reunión ayer? 6) En el curso del proceso, el abogado llamó la atención sobre el hecho de que la niñez del acusado no (transcurrir) ________ por cauces normales. 7) Después de que los enfermos se dieran cuenta de que el médico auxiliar (volver) ________ a cometer un error de diagnóstico, concibieron sospechas de que él también (ser) ________ uno de esos médicos falsos. 8) Estaba escandalizada de que la (ellos; olvidar) ________ el día anterior. 9) Esta vieja casa con fachadas entramadas se derribará dentro de poco porque existe el peligro de que ya no (resistir) ________ al próximo invierno.

4. Indirekte Fragesätze (s. Gil/Banús, II.5.2.E)

Grammatik

Modus: Indikativ

Arten:

a) *Entscheidungsfragen:* „si"

Bsp.: No sé si todo eso está así en orden.

(= Ich weiß nicht, ob das alles so seine Richtigkeit hat.)

b) *Ergänzungsfragen:* Interrogativpronomina:
- *Ort*

Bsp.: No se puede imaginar *dónde* estarán los demás.
(= Sie kann sich nicht vorstellen, wo die anderen geblieben sein sollen.)
- *Zeit*

Bsp.: No pueden decir con seguridad *cuándo* volverán los otros.
(= Sie können nicht genau sagen, wann die anderen zurückkommen werden.)
- *Ursache*

Bsp.: Ella no podía comprender *por qué* no la habíamos informado.
(= Sie konnte nicht verstehen, warum wir sie nicht benachrichtigt hatten.)
- *Zweck*

Bsp.: Me preguntó *para qué* había comprado ese bote de pintura.
(= Er fragte mich, wofür ich diese Farbe gekauft hatte.)
- *Art und Weise*

Bsp.: No sabía *cómo* tenía que traducirlo.
(= Er wußte nicht, wie er das übersetzen mußte.)
- *Bezug auf Personen/Sachen*

Bsp.:
- Quería saber *quién* lo había escrito.
(= Er wollte wissen, wer das geschrieben hatte.)
- La compañera de estudios me preguntó por *cuál* de los dos cursos me había decidido yo.
(= Die Kommilitonin fragte mich, für welchen der beiden Kurse ich mich entschieden hätte.)
- Nos hemos vuelto locos pensando *qué* te podríamos regalar.
(= Wir haben uns den Kopf darüber zerbrochen, was wir dir schenken könnten.)
- Me preguntó *cuánto* tiempo necesitaría para ello.
(= Er fragte mich, wieviel Zeit ich dafür benötigte.)

c) Wenn der indirekte Fragesatz von einem Substantiv oder Adjektiv abhängt, steht vor dem Interrogativpronomen die entsprechende Präposition.

Bsp.: Nadie sabía la respuesta a la pregunta *sobre quién* había escrito tal poema.
(= Niemand wußte eine Antwort auf die Frage, wer dieses Gedicht geschrieben habe.)

Übungen

I. Übersetzen Sie:

1) Pedro weiß nicht, ob Juliana in Stockholm ist. 2) Ihr wußtet nicht, aus welcher

Richtung wir kommen würden. 3) Der Schüler mußte lange überlegen, wann der Dreißigjährige Krieg ausgebrochen war. 4) Wir konnten uns nicht erklären, warum er so Hals über Kopf hinausgestürzt war. 5) Er sagt mir nicht, ob er morgen zurückkommt. 6) Er hat uns nicht gesagt, ob er schon etwas für sie besorgt hat. 7) Ich fragte mich, wozu das überhaupt gut sein sollte. 8) Der Tourist fragte uns, wie er zum Bahnhof käme. 9) Er erkundigt sich, ob wir mit allem zufrieden sind. 10) Ich hatte keinen blassen Schimmer, wer er überhaupt war. 11) Der Lehrer fragt uns, welche die grammatischen Probleme seien, die wir nicht verstehen. 12) Sie konnte nicht sagen, aus welchem Material die Figur gemacht war. 13) Mich interessiert, ob es morgen schön wird. 14) Ich bin mir nicht ganz im Klaren, wielange wir denn fahren werden. 15) Sie fragte, mit wem ich eben gesprochen hätte. 16) Es fällt mir einfach nicht mehr ein, wo ich meine Schlüssel hingetan habe. 17) Sie diskutierten darüber, wieviel Geld investiert werden sollte. 18) Es ist ihm ganz egal, ob wir das überhaupt wollen. 19) Sie waren sich noch nicht einig darüber, wie sie das bewerkstelligen sollten. 20) Sie müssen erst nachrechnen, ob sie sich das leisten können. 21) Wir konnten uns nicht vorstellen, was ihn dazu bewegt haben mochte. 22) Sie erforschen gerade, warum dieser Virus so unverwüstlich ist. 23) Wir wollen uns erst noch vergewissern, ob es nicht noch etwas Besseres gibt. 24) Ich habe ganz vergessen, um wieviel Uhr ich zum Vorstellungsgespräch erscheinen soll. 25) Sie hatten nicht die leiseste Ahnung, wofür man sie hatte kommen lassen. 26) Jeden Abend überprüft die Mutter, ob die Kinder ihre Hausaufgaben gemacht haben. 27) Der Student wußte nicht, welcher Zweig der Sprachwissenschaft sich mit den nonverbalen Kommunikationsmitteln befaßt.

II. Setzen Sie den Akzent, wo er erforderlich ist:

1) como: Me preguntó ________ lo había conseguido. Se ha portado con nosotros ________ lo esperábamos.

2) que: Me contó ________ novelas tenía ya leídas. No nos dijo ________ la vajilla era un recuerdo de familia.

3) cuando: Te avisaré ________ me vaya. Aún debemos preguntar ________ va a salir el tren.

4) cuanto: Nos dijeron que apuntáramos ________ gastásemos. Nos dijo ________ dinero podríamos ganar.

5) donde: No sabía ________ le estaban esperando sus amigos. Yo no quiero vivir ________ viven ellos.

6) para que: No me dijo ________ lo necesitaba. No se lo digáis, ________ no se preocupe.

7) porque/por qué: Se diculpó con ella ________ no podía acompañarla. No se imaginaban ________ les detenía la policía.

8) quien: Hoy estuve con Manolo, _______ ha mejorado mucho su alemán. No recuerdo a _______ se lo di.

5. Gemischte Übungen zu den Substantivsätzen

I. Setzen Sie die entsprechenden Interrogativpronomina und Konjunktionen (mit oder ohne Präposition) ein:

1) Me preguntó _______ había alguna esperanza _______ recobrara algún día la salud. 2) Espero _______ tus padres estén enterados _______ estás con nosotros. 3) No estoy enfadado _______ vengas más tarde; lo importante es _______ vengas. 4) _______ digas _______ no tienes a quien confiarte me duele mucho. 5) No puede decidirse _______ ir de vacaciones y por eso nos pregunta _______ le podemos dar un consejo. 6) El rumor _______ habían suspendido a dos tercios de los candidatos el curso pasado, fue la causa _______ se presentaran este año menos estudiantes al examen. 7) Nadie sabía una respuesta a la pregunta _______ traducir esa frase. 8) No estamos de acuerdo _______ lo hagas solo. 9) Su ignorancia _______ proceder en esa situación nos muestra _______ aún le queda mucho por aprender. 10) La declaración del testigo _______ la había visto cerca del lugar del crimen hizo _______ ella fuera sospechosa de asesinato. 11) A mi hermano le rogué _______ me prestara el chaquetón de cuero, pero no me lo dió por miedo _______ yo se lo manchara. 12) Un militante del movimiento pacifista recibió en Jerusalém la amenaza _______ su casa sería incendiada si no cesaba en sus „actividades antinacionales".

II. Indikativ oder Subjuntivo? Setzen Sie ein:

1) Era evidente que él no (querer) _______ hablar con nosotros. 2) El padre estaba muy orgulloso de que su hijo (seguir) _______ sus pasos. 3) Ya no sabía qué (él; decir) _______ un mes antes sobre eso. 4) Me pregunto cuánto tiempo (nosotros; haber de) _______ seguir en esta situación de inseguridad. 5) No es cierto que él (renunciar) _______ ayer al puesto. 6) Hemos decidido que hoy (quedarse) _______ en casa. 7) No cabe duda de que (él; aprobar) _______ el examen de la semana que viene. 8) Considero conveniente que lo (nosotros; estudiar) _______ a fondo. 9) Hay pocas probabilidades de que (ir) _______ mejorando la situación en ese país. 10) No me pudo decir cuándo (nosotros; verse) _______ otra vez. 11) El dijo que (él; terminar) _______ pronto, pero yo dudo que (él; venir) _______ antes de las diez. 12) María me confesó que no (ella; creer) _______ que nosotros lo (conseguir) _______ sin ayuda de nadie. 13) Es comprensible que (vosotros; tener) _______ mucho que contarnos después de las vacaciones, pero creo que eso (poder) _______ dejarse para más tarde. 14) Eso de que desde entonces no (ella; dar) _______ señales

de vida, nos hace suponer que la (nosotros; ofender) ________ mucho. 15) Según la partícula interrogativa empleada se sabe si se (preguntar) ________ por una calidad, una persona, una cosa, etc.

B. ADJEKTIV- ODER RELATIVSÄTZE (s. Gil/Banús, II.5.3.)

Grammatik

1. *Funktion*

a) Meistens erfüllen die Relativsätze die Funktion eines Adjektivs; sie beziehen sich auf ein Substantiv des übergeordneten Satzes.
Bsp.: Un estudiante que es inteligente suele estudiar cada día.
(= Ein Student, der klug ist, lernt jeden Tag.)

b) Sie können auch Sätze miteinander verbinden: *illative Funktion*
– „was": *lo que/lo cual/cosa que*
Bsp.: No me ha llamado por teléfono desde hace dos semanas, lo que me extraña un poco.
(= Sie hat mich schon seit 2 Wochen nicht mehr angerufen, was mich etwas wundert.)
– Pronominaladverb „damit", „dadurch" etc.: *Präposition + lo que/lo cual*
Bsp.: Aprobé el examen, con lo que no contaba.
(= Ich habe die Klausur bestanden; damit habe ich gar nicht gerechnet.)

2. *Einteilung*

a) *Especificativas*
– notwendige, definierende Relativsätze
– keine Abtrennung durch Kommata
Bsp.: El tren que acaba de llegar sigue hasta Varsovia.
(= Der Zug, der soeben eingefahren ist, fährt noch bis Warschau.)
b) *Explicativas*
– nicht notwendige, nur zusätzlich erläuternde Relativsätze
– Abtrennung durch Kommata
Bsp.: Me presentó a su mujer, a la que hasta entonces yo no conocía.
(= Er stellte mir seine Frau vor, die ich bis dahin noch nicht kannte.)

3. *Relativpronomina*

a) *que:* häufigstes Relativpronomen, auf Personen und Sachen bezogen

Bsp.: El ladrón que se había hecho con los 100.000 marcos, se escapó en un coche que había robado poco antes.
(= Der Dieb, der 100.000 DM erbeutet hatte, entkam in einem Auto, das er kurz zuvor gestohlen hatte.)

b) *cuyo, -a:* Genitiv; stimmt nicht mit dem Bezugswort des übergeordneten Satzes, sondern, anders als im Deutschen, mit dem des Nebensatzes in Geschlecht und Zahl überein.

Bsp.: ¿Conoces a la persona *cuyo coche* siempre está aparcado delante de nuestra casa?
(= Kennst du die Person, deren Wagen ständig vor unserem Haus steht?)

c) *quien(es); Artikel + que:* auf Personen bezogen; als *Subjekt* nicht bei Especificativas möglich

Bsp.: Juan, a quien/al que presté 200 marcos, ha desaparecido desde entonces.
(= Juan, dem ich 200 Mark geliehen habe, ist seitdem verschwunden.)

d) *Artikel + cual(es):* gewählter Stil

Bsp.: ¿Me acompañas a visitar a la simpática hermana del amigo de nuestros antiguos vecinos, la cual está ahora en el hospital?
(= Gehst du mit mir die nette Schwester des Freundes unserer ehemaligen Nachbarn besuchen, die jetzt im Krankenhaus liegt?)

e) Auf eine adverbiale *Zeitangabe* bezogen steht das Relativpronomen im Spanischen *ohne* Präposition.

Bsp.: El día que se conocieron llovía a cántaros.
(= An dem Tag, an dem sie sich kennenlernten, regnete es in Strömen.)

4. *Relativadverbien*

a) – *donde:* Beziehungswort = Ortsangabe

Bsp.: Esta es la casa donde nací.
(= Das ist das Haus, in dem ich geboren bin.)

– *de/por donde:* Folge

Bsp.: No contestó nadie al teléfono, de donde se podía deducir que no había nadie en casa.
(= Keiner ging ans Telefon, woraus man schließen konnte, daß niemand zu Hause war.)

b) *como:* modaler Relativsatz

Bsp.: Cayó una lluvia torrencial, como no se había visto nunca en esa región.
(= Es brach ein sintflutartiger Regen aus, wie man ihn in dieser Gegend noch nie erlebt hatte.)

c) *cuanto/todo lo que:* Bezug auf eine Menge; verallgemeinernder Aussagewert

Bsp.: Ella tomó cuanto/todo lo que pudo transportar.
(= Sie nahm sich soviel, wie sie tragen konnte.)

5. *Modus*

a) Beziehungswort *bekannt*: *Indikativ*

Bsp.: Quisiéramos la habitación que da al mar.
(= Wir möchten gerne das Zimmer, das zum Meer hinausgeht.)

b) Beziehungswort *unbekannt*: *Subjuntivo*

Bsp.: Quisiéramos una habitación que dé al mar.
(= Wir möchten gerne ein Zimmer, das zum Meer hinausgeht.)

c) *Verallgemeinernde* Relativsätze: meistens *Subjuntivo*

Bsp.: Dondequiera que vayas, te encontraré.
(= Wo du auch hingehst, ich werde dich finden.)

6. *Substantivierung der Relativsätze*. Formen:

a) *Artikel* + *que*; bei Personen auch: *quien(es)*

Bsp.: El que/Quien hace lo que quiere, no hace lo que debe.
(= Wer tut, was er will, tut nicht, was er soll.)

b) Generalisierung durch *cuanto* bzw. *todo* + *Artikel* + *Relativpronomen*

Bsp.: No se puede cumplir cuanto/todo lo que deseas.
(= Es kann nicht alles in Erfüllung gehen, was du dir wünschst.)

c) Substantivierte Relativsätze *als Terminus*

– eines Vergleichs (*que* + *Artikel* + *que*)

Bsp.: Esta historia es más interesante que la que oímos ayer.
(= Diese Geschichte ist interessanter als die, die wir gestern gehört haben.)

– einer Mengensteigerung (*de* + *Artikel* + *que*)

Bsp.: Tiene más amigos de los que merece.
(= Er hat mehr Freunde, als er verdient.)

Übungen

I. Übersetzen Sie:

1) Wir suchen einen Ort, an dem es nicht so viele Touristen gibt. 2) Ein paar Meter weiter traf ich Juanita, die durch die Straßen schlenderte. 3) Sie ist sehr fleißig, was man von dir nicht gerade behaupten kann. 4) Ich suche jemanden, der mir einen russischen Brief übersetzen kann. 5) Er sprach mit einer Begeisterung, die uns alle mitriß. 6) Ich werde das Haus dem verkaufen, der mir das beste Angebot macht. 7) Die Sache nahm einen Verlauf, mit dem niemand gerechnet hatte. 8) Er schnitt die ulkigsten Grimassen, worüber sich die alte Dame entsetzlich ärgerte. 9) Du grüßt aber auch jeden, den du triffst. 10) Alles, was er sagt, hat weder Hand noch Fuß. 11) Mach doch mit deinem Geld, was du willst. 12) Wir fragten alle, die das hätten

wissen können. 13) Sie setzten sich in den Erker, wo es immer so gemütlich ist. 14) Was wir jetzt besprechen, muß unter uns bleiben. 15) Du sollst nur das tun, was man dir sagt. 16) Er machte es nicht so, wie wir es ihm gezeigt hatten. 17) Die Frau unseres Nachbarn Manolo, die immer auf unsere Kinder aufpaßt, ist sehr sympathisch. 18) Wir wollen ihr etwas schenken, woran sie ihre Freude hat und das sie uns nie vergessen läßt. 19) Warst du es, der mich um meine Unterlagen gebeten hatte? 20) Du erinnerst dich auch an alles, was man dir einmal gesagt hat. 21) Deine Schuhe sind viel schöner als die, die ich mir gekauft habe. 22) Der Mann, dessen Kind unser Hund gebissen hat, will Strafanzeige wegen Körperverletzung gegen uns erstatten. 23) Alle, die an der Exkursion teilnehmen möchten, mögen sich bitte in die Liste eintragen. 24) Wir haben uns noch nicht geeinigt über die Art, wie das Problem aus der Welt geschafft werden soll. 25) Der Student antwortete nicht, woraus der Lehrer schloß, daß er die Lektion nicht gelernt hatte. 26) Immer waren wir es, die am meisten arbeiten mußten. 27) Nur der verdient sich Freiheit wie das Leben, der täglich sie erobern muß. (Goethe)

II. Umformen. Bilden Sie Relativsätze:

1) Mario se compra un abrigo nuevo. Este abrigo es muy caro. 2) Encontré a mi amigo. Su padre es el alcalde de nuestro pueblo. 3) Se quedará para siempre en ese pueblucho. Ahí su familia se ha ganado penosamente la vida desde hace muchos años. 4) El señor García vino a vernos ayer. Está en Alemania de viaje de negocios. 5) En la puerta hay un hombre. Nos quiere vender revistas. 6) Este es el vecino. Sus hijos ya no viven aquí. 7) Ayer le traje un libro. Ya lo ha leído. 8) El marido de Doña Matilde la ha abandonado. Eso nos dejó muy asombrados. 9) Trato de tranquilizar a mi mujer. Está muy nerviosa. 10) Hubo una fuerte explosión. De ahí que pensaran enseguida en un atentado. 11) Ha desaparecido su secretaria. Yo no lo sabía hasta ayer. 12) Un chiquillo estaba sentado en medio de la acera. Lloraba amargamente. 13) Napoleón I murió en 1821. Fue el general más temido de su siglo. 14) Hizo un viaje a través de la India. De este viaje nos quiere contar esta tarde. 15) Habló con soltura. Tal soltura la encuentras sólo raras veces.

III. Setzen Sie das Relativpronomen (mit oder ohne Artikel) ein:

1) Un día ________ le vi me dijo que se iría al extranjero, ________ me causó mucho dolor. 2) Consigue todo ________ se propone. 3) No me gusta la manera ________ trata a los demás. 4) ________ con perros se acuesta, con pulgas se levanta. 5) Yo no creía que se cumpliría ________ ella me predijo. 6) Esta razón es ________ me ha impulsado a redactar la presente misiva. 7) Ahí está la casa ________ vivimos hasta la guerra. 8) El coche ________ yo he comprado es más rápido que ________ has comprado tú. 9) Dentro del vehículo dejó a ________ no quisieron entrar a saludarnos.

10) La finca, alrededor de _______ hay ese muro tan bonito, es de un señor muy rico. 11) La semana que viene tendré que ir al dentista, en _______ no quiero ni pensar. 12) Consideran „traidores" y „enemigos de la nación" a _______ no comparten sus opiniones. 13) Sucedió _______ yo lo había esperado. 14) Pero precisamente es eso _______ los Liberales quieren evitar. 15) Esta es la mujer _______ hijo me dijo esa insolencia. 16) Me dio la respuesta contraria a _______ esperaba. 17) Es él a _______ debes todo eso. 18) Voy a echar fuera a _______ trate de hacer trampas. 19) No vino más, de _______ deduje que estaba enfadado conmigo. 20) Ramón Sánchez, acusado de haber intervenido en el asesinato del Ministro de Asuntos Exteriores, se negó a decir los nombres de _______ habían sido sus cómplices.

IV. Übersetzen Sie: Sind die Relativsätze „Explicativas" (Exp) oder „Especificativas" (Esp)?

1) Ich erzähle euch eine Geschichte, die ich gestern in der Straßenbahn gehört habe. 2) Die Hauptstraße, die vor einem halben Jahr ausgebessert wurde, reißt schon wieder auf. 3) Das hat mir der Kunde gesagt, der in München wohnt. 4) Ihr, die ihr hier geboren seid, kennt bestimmt jeden Winkel dieser Stadt. 5) In diesem Schaufenster liegen die Bücher, die gerade erst erschienen sind. 6) Der Mann, dessen Frau letzte Woche gestorben ist, ist untröstlich. 7) Im Jahre 90 v. Chr. kämpften im römischen Heer Krieger aus Salduia (Zaragoza), die wegen ihres Mutes das römische Bürgerrecht erhielten. 8) Das Böse, das aus deinem Mund kommt, fällt in dein Herz zurück. 9) Jedes Faß riecht nach dem Wein, den es enthält. 10) Der Lehrer tadelte die Schüler, die die Lektion nicht gut gelernt hatten.

V. Indikativ oder Subjuntivo? Setzen Sie ein:

1) No me enfadé por lo que (él; decir) _______ sino por la manera como lo _______. 2) Piense Vd. lo que (querer) _______. 3) No sé qué regalarle; tiene todo cuanto (necesitar) _______. 4) A todo el que (venir) _______ a verme, le recibiré con los brazos abiertos. 5) No conozco a nadie que no (hacer) _______ alguna vez lo mismo. 6) Ese muchacho nunca hace lo que se le (mandar) _______. 7) Hoy día apenas hay gente que no (saber) _______ leer. 8) ¿Conoces un restaurante donde se (poder) _______ comer bien? 9) ¡Ojalá hubiera alguien que (saber) _______ explicármelo! 10) Ya no hay apenas médicos que (visitar) _______ a los enfermos en su casa. 11) Yo conozco a varios médicos que (visitar) _______ a los enfermos en su casa. 12) Sabía responder a cuanto le (ellos; preguntar) _______. 13) No conozco a nadie que (saber) _______ tanto como él. 14) Aquellos que (querer) _______ gozar de la Fiesta de Elche (Alicante) harán bien en verla dos veces. 15) No podían ni imaginar lo que les (esperar) _______. 16) Este país está en espera de un estadista que (saber) _______ conducirlo a las realidades del siglo venidero. 17) Le hizo volver por donde

(venir) _______. 18) Apenas hay aquí quien (acertar) _______ a comprender lo que me (hacer) _______ obrar así.

VI. Übersetzen Sie die folgenden Wendungen ins Spanische:

1) Was du heute kannst besorgen, das verschiebe nicht auf morgen. 2) Wer sich verteidigt, klagt sich an. 3) Wer schweigt, stimmt zu. 4) Wer nicht in den Krieg zieht, kommt nicht darin um. 5) Niemand ist so vollkommen, daß er nicht auch einen Fehler hätte. 6) Wo du auch hingehst, du triffst deinesgleichen.

VII. Übersetzen Sie die folgenden Sprichwörter ins Deutsche:

1) Quien mucho abarca poco aprieta. 2) Al que madruga Dios le ayuda. 3) El que paga manda. 4) Gallo que no canta algo tiene en la garganta.

VIII. Ergänzen Sie die fehlenden Elemente des Vergleichs bzw. der Steigerungen:

1) El arreglo de la lavadora resultó más barato _______ sospechábamos. 2) Lo que dices tú es más digno de crédito _______ él quería hacerme creer. 3) Ese barrigón pesa más _______ puede indicar la báscula. 4) Está bebiendo otra vez más vino _______ puede resistir. 5) Este examen fue mucho más difícil _______ hicisteis vosotros ayer. 6) Este año, tendremos más judías en el huerto _______ podemos comer. 7) Estas fresas tienen menos sabor _______ comimos anteayer. 8) El equipo adversario ya tiene más puntos _______ nosotros podríamos obtener en todos los partidos juntos. 9) Los peces carniceros de nuestras aguas son menos peligrosos _______ hay en otros países. 10) Esta anciana tiene más años _______ ha muerto anoche. 11) El río lleva menos agua _______ necesitan los campesinos para regar todos los campos. 12) Tiene menos dinero _______ necesita para pagar el piso. 13) Este abrigo calienta mucho más _______ me probé en la otra casa.

C. Adverbiale Nebensätze

1. Finalsätze (s. Gil/Banús, II.5.4.A)

Grammatik

a) *Einleitende Konjunktionen*:

a1) *para que:* die häufigste Konjunktion

Bsp.: Ella se volvió para que él no viese las lágrimas en sus ojos.
(= Sie drehte sich um, damit er nicht die Tränen in ihren Augen sah.)

a2) *a que:* die Zweckbestimmung wird nicht so stark betont; besonders verwendet bei Verben der Bewegung, deren Rektion das „a" verlangt.

Bsp.: Envían a su hijo a Salamanca a que aprenda allí español.
(= Sie schicken ihren Sohn nach Salamanca, damit er dort Spanisch lerne.)

a3) *a fin de que:* die Zweckbestimmung wird stärker betont.

Bsp.: Trajo mucho material visual a clase, a fin de que los alumnos pudieran comprender mejor un tema tan difícil.
(= Er brachte viel Anschauungsmaterial zum Unterricht mit, damit die Schüler ein so schwieriges Thema leichter verstehen könnten.)

a4) *porque* (eher literarisch gebraucht): bringt die Zweckursache, den Beweggrund zum Ausdruck.

Bsp.: Porque veas, Sancho, el bien que en sí encierra la andante caballería (...) quiero que aquí a mi lado (...) te sientes. (Quijote I 11)
(= Damit du, Sancho, siehst, wie gut das fahrende Rittertum ist, will ich, daß du dich hier neben mich setzt.)

b) *Modus:* immer Subjuntivo

Übungen

I. Übersetzen Sie:

1) Er sprach leise, damit die Kleinen nicht aufwachten. 2) Der kleine Nikolaus lernte bis spät in die Nacht, damit der Lehrer ihn nicht noch einmal tadelte. 3) Er zieht nie einen Hut auf, damit man nicht sagt, er sei ein alter Mann. 4) Du mußt schon einen sehr triftigen Grund haben, damit wir dir das verzeihen. 5) Er gab seinen Posten ab, damit ein Jüngerer ihn übernähme. 6) Komm mal her, damit ich es dir zeigen kann. 7) Was muß ich denn noch alles tun, daß du mir endlich glaubst? 8) Paco hilft Michael unermüdlich, damit dieser endlich die Grammatik versteht. 9) Er ermunterte uns, eine lange Zeit in Madrid zu verbringen. 10) Einer der beiden Diebe verursachte

einen Kurzschluß, damit sein Komplize in der Dunkelheit in aller Ruhe die wertvollen Goldketten einsammeln konnte.

II. Setzen Sie die richtige Verbform ein:

1) Tuve que decírtelo para que (tú; ver) _______ qué tipo de hombre es él. 2) Manolo, lee en voz alta el capítulo 25 para que (nosotros; comprender) _______ mejor lo que acabo de explicaros. 3) Le hice unas aclaraciones para que (él; comprender) _______ que intentaba darle un buen consejo. 4) El testigo se niega a declarar, porque no (nosotros; tener) _______ alguna información que podamos usar contra él. 5) Ven acá a la luz, para que yo (poder) _______ verte mejor. 6) Nos indujeron a que nosotros también (hacer) _______ trampas. 7) La junta directiva se reúne a las cinco de la tarde para que los directores (poder) _______ llegar puntualmente al banquete de las diez. 8) Vamos a recoger a la suegra a fin de que no (estar) _______ sola en los días festivos. 9) Voy a llevar unos pasteles porque no (ellos; creer) _______ que soy un gorrón. 10) Hace poco dieron cursos de matemáticas en el metro para que la población (darse cuenta) _______ de que faltan aulas en la Universidad de Hamburgo.

2. Kausalsätze (s. Gil/Banús, II.5.4.B)

Grammatik

a) *Einleitende Konjunktionen*

a1) *porque:* allgemeine Kausalkonjunktion

Bsp.: No lo sabe porque nunca lo ha estudiado.
(= Er weiß es nicht, weil er es nie gelernt hat.)

a2) *ya que:* die Ursache wird stärker hervorgehoben.

Bsp.: Tenía mucha prisa, ya que entretanto se había hecho muy tarde.
(= Er war in Eile, weil es inzwischen schon sehr spät geworden war.)

a3) *puesto que:* die Ursache wird noch stärker hervorgehoben.

Bsp.: Ya no le escribiré más puesto que nunca contesta a las cartas.
(= Ich schreibe ihr nicht mehr, weil sie ja doch nie antwortet.)

a4) *pues:* Anknüpfungspartikel mit kausaler Bedeutung. Entspricht dem deutschen „denn".

Bsp.: Pablo práctica ahora deporte, pues el médico se lo ha aconsejado.
(= Paul treibt jetzt Sport, denn sein Arzt hat es ihm geraten.)

a5) *que:* wird heute praktisch nur in der Umgangssprache verwendet.

Bsp.: ¡Ten cuidado, que ese caballo da coces!
(= Sieh dich vor, denn dieses Pferd schlägt aus!)

a6) *como:* wird verwendet, wenn der Kausalsatz vorangestellt ist.

Bsp.: Como el tiempo nos volvió a jugar una mala pasada, aplazamos la excursión.
(= Da das Wetter mal wieder nicht mitspielte, verschoben wir den Ausflug.)

a7) Das deutsche „zumal", „vor allem weil" etc. wird im Spanischen durch Umschreibungen wie „sobre todo teniendo en cuenta que", „si se tiene en cuenta que", „porque", „sobre todo porque" wiedergegeben.

Bsp.: Die Nachfrage nach Computern nimmt stetig zu, zumal sie auch immer erschwinglicher werden.
(= La demanda de computadoras aumenta constantemente, sobre todo porque se venden a precios cada vez más asequibles.)

b) *Modus*

– Der normale Modus ist der *Indikativ*, da für gewöhnlich durch den Kausalsatz eine reale Begründung angegeben wird.

– *Subjuntivo* steht bei

b1) zusätzlich *konzessiver* Bedeutung

Bsp.: ¡No vamos a quedarnos en casa porque esté lloviendo un poco!
(= Nur weil es ein bißchen regnet, bleiben wir doch nicht zu Hause!)

b2) *verneintem Grund*

Bsp.: No porque no tenga dinero, dejo de comprarme un abrigo de pieles, sino porque me dan lástima los pobres animalitos.
(= Nicht etwa, weil ich kein Geld hätte, kaufe ich mir keinen Pelzmantel, sondern weil mir die armen Tierchen leid tun.)

3b) zusätzlich *finalem* Sinn (Zweckursache; s. Finalsätze)

Bsp.: Esconde el paquete porque ella no lo vea.
(= Er versteckt das Paket, weil sie es nicht sehen soll.)

b4) *Disjunktivkonstruktionen*

Bsp.: Ya porque fuera a ver a unos amigos, ya porque jugara al tenis, (el caso es que) nunca estaba en casa.
(= Sei es, daß er Freunde besuchen ging, sei es, daß er Tennis spielen ging, nie war er zu Hause.)

Übungen

I. Übersetzen Sie jeweils mit einem Kausalsatz:

1) Er war deswegen so beliebt, weil er für jeden ein offenes Ohr hatte. 2) Nur weil er feuerrote Haare hat, braucht ihr ihn doch nicht ständig deswegen zu hänseln. 3) Komm hier herein, denn gleich gibt es ein gewaltiges Gewitter. 4) Weil er die anderen nicht anstecken sollte, befahl der Arzt Marco, zu Hause zu bleiben. 5) Wir werden nicht mehr lange hierbleiben, zumal sich die Situation immer mehr zuspitzt. 6) Ich werde dir diesen Gefallen tun, nicht, weil ich es so gerne täte, sondern weil du mich

darum gebeten hast. 7) Der Vertrag wurde gekündigt, weil ein Vertragspartner die Bedingungen nicht eingehalten hatte. 8) Sei es, daß er so langsam gearbeitet hatte, sei es, daß er so viele Fehler gemacht hatte, er wurde entlassen. 9) Aus dem wird nie etwas werden; nicht, daß er dumm wäre, aber er ist sehr faul. 10) Paß auf, was du sagst, denn er legt alles auf die Goldwaage. 11) Da du gestern nicht mitgespielt hast, hatten wir keine Chance zu gewinnen. 12) Sei es, daß er mir böse war, sei es, daß er wirklich keine Zeit gehabt hatte, er kam jedenfalls nicht. 13) Nur weil dein Vater Direktor unserer Schule ist, darfst du dir noch lange nicht alle Freiheiten herausnehmen. 14) Er ging früher in Rente, vor allem weil seine berufsbedingte Allergie immer schlimmer wurde. 15) Ich gebe dir diesen Roman, weil du sehen sollst, daß ich dich nicht vergesse. 16) Diese Arbeit ist deshalb besonders erwähnenswert, weil sie einen guten Überblick über den augenblicklichen Stand der Forschung gibt.

II. Indikativ oder Subjuntivo? Setzen Sie ein:

1) El conductor frenó bruscamente porque (haber) _______ un tronco en medio de la carretera. 2) Os repito que, porque a veces no os (gustar) _______ su opinión, no debéis excluirle de vuestras tertulias. 3) No me llamará por teléfono, porque no (tener) _______ mi número. 4) No porque (él; olvidarse) _______ de llamarte es un desagradecido. 5) Me quedo en casa esta tarde porque (tú; ver) _______ que para mí la familia es lo primero. 6) Se pasa todo el día estudiando, no porque (saber) _______ poco, sino porque le (gustar) _______ mucho. 7) Ya que (tú; volver) _______ a llegar tarde, te quedarás una hora más en clase. 8) El libro que me recomendaste no me gusta, no porque no (estar) _______ bien escrito, sino porque no (interesarme) _____ el tema. 9) No hables tan alto, que los demás (poder) _______ oírnos. 10) No puede estar enfermo, pues anoche le (ver) _______ en la ciudad.

3. **Konsekutivsätze** (s. Gil/Banús, II.5.4.C)

Grammatik

a) *Einleitende Partikeln*

a1) *tan + Adj./Adv. que*

Bsp.: Los estudiantes están tan bien preparados que ya no puede salir nada mal.
(= Die Studenten sind so gut vorbereitet, daß nichts mehr schiefgehen kann.)

a2) *tanto (+ Substantiv) que*

Bsp.: Tiene tantos libros que no puede leerlos todos.
(= Er hat so viele Bücher, daß er sie gar nicht alle lesen kann.)

a3) *de modo/forma/manera que*

Bsp.: Hace sol, de modo que la ropa se secará pronto.
(= Die Sonne scheint, so daß die Wäsche bald trocken sein wird.)

a4) *de ahí que + Subjuntivo*

Bsp.: Ella quería conseguir algo de él, de ahí que estuviera tan amable.
(= Sie wollte etwas von ihm; daher war sie so entgegenkommend.)

a5) *por lo tanto/así que + Indikativ*

Bsp.: Mi hija tiene tos ferina, por lo tanto no puede ir a clase.
(= Meine Tochter hat Keuchhusten, so daß sie nicht zur Schule gehen kann.)

b) *Modus*

b1) reine Folge: *Indikativ*

Bsp.: Empezamos temprano, de modo que terminamos a buena hora.
(= Wir fingen frühmorgens an, so daß wir beizeiten fertig waren.)

b2) *Subjuntivo* bei

– *finaler Nebenbedeutung*

Bsp.: Vamos a empezar ya, de modo que terminemos pronto.
(= Laßt uns anfangen, so daß wir beizeiten fertig sind.)

– *verneintem Hauptsatz*

Bsp.: No hablo tan bajo que resulte imposible entenderme.
(= So leise spreche ich nicht, daß man mich nicht verstehen könnte.)

Übungen

I. Übersetzen Sie:

1) Sie waren so bestürzt, daß sie keinen Ton herausbekamen. 2) Du bist nicht so egoistisch, daß du mir nicht etwas abgeben würdest. 3) Er aß wie ein Scheunendrescher, so daß er schließlich Bauchschmerzen bekam. 4) Der Garten blüht, daß es eine wahre Freude ist. 5) Sein Onkel hat ihm ein Vermögen hinterlassen; infolgedessen braucht er sich jetzt keine Sorgen mehr zu machen. 6) Das Buch ist in einer leicht verständlichen Sprache geschrieben, so daß es auch Laien lesen können. 7) Er hämmert auf dem Klavier herum, daß einem die Ohren weh tun. 8) Niemand ist so vollkommen, daß er nicht auch einen Fehler hätte. 9) Das Auto fuhr so schnell, daß das Nummernschild auf dem Radarbild nicht zu erkennen war. 10) Das Mädchen brüllte derart, daß wir nichts von dem verstanden, was der Redner sagte. 11) In ihren Worten lag so viel Angst, daß ich nicht umhin konnte, sie zu beruhigen. 12) Er erklärte es sehr ausführlich, so daß wir alle es verstehen könnten. 13) Er hatte einmal schlechte Erfahrungen mit Hunden gemacht, so daß er nun immer einen großen Bogen um sie macht. 14) Sie waren sehr geschafft von diesem harten Arbeitstag, so

daß sie dann schließlich doch zu Hause blieben. 15) Der größte Teil des Landes gehörte einigen wenigen Landbesitzern; daher kam es immer wieder zu Unruhen unter der Landbevölkerung.

II. Indikativ oder Subjuntivo? Setzen Sie ein:

1) En la fiesta, ella no conocía a nadie, por lo tanto (marcharse) ________ a casa. 2) Es un hombre tan desengañado que ya no (poder) ________ alegrarse de nada. 3) No había tantos premios que (ser) ________ suficientes para todos. 4) Estaba tan impaciente que ya no (poder) ________ seguir sentado. 5) Se abrigó bien, de modo que no (resfriarse) ________. 6) Me habló de una forma que no (saber) ________ qué responderle. 7) Esta palabra tiene varias acepciones, de forma que (haber) ________ que explicar todos sus significados. 8) Escucha con atención, de manera que (saber) ________ contármelo después. 9) Me rogó con tal insistencia que no (poder) ________ menos de ayudarla. 10) No obtuvo plaza en la Facultad de Medicina, de ahí que (tener) ________ que esperar otro año.

4. Konditionalsätze (s. Gil/Banús, I.5.4.D)

Grammatik

a) *Reale Bedingung*
- Bedingungssatz (prótasis): *Indikativ*
- Hauptsatz (apódosis): *Indikativ*

Bsp.: Si quieres, puedes.
(= Wenn du willst, kannst du es auch.)

b) *Eventuelle Bedingung*
- Bedingungssatz (prótasis): *Subjuntivo* (Zeitenfolge beachten)
- Hauptsatz (apódosis): meist *Imperativ* oder *Futur*

Nach „si" kann hierbei nie Präsens oder Perfekt des Subjuntivo stehen. Weitere Konjunktionen sind:
„Con tal (de) que", „bajo/con la condición de que", „siempre que", „como" (oft zusätzlich mahnender/drohender Charakter), „en caso de que"/„caso que", „con solo que" (nur unter der Bedingung, daß...)

Bsp.: Como falle ahora la cocina de gas, cenaremos esta noche sólo embutidos.
(= Sollte der Gasherd jetzt seinen Dienst versagen, dann essen wir heute Abend nur Butterbrote.)

c) *Irreale Bedingung*

c1) der *Gegenwart*

– Bedingungssatz (prótasis): *Imperfekt Subjuntivo*
– Hauptsatz (apódosis): *Potencial simple*
Bsp.: Si yo fuera él, aprovecharía enseguida la ocasión.
(= Wäre ich an seiner Stelle, würde ich sofort zugreifen.)

c2) *der Vergangenheit*
– Bedingungssatz (prótasis): *Plusquamperfekt Subjuntivo*
– Hauptsatz (apódosis): *Potencial compuesto*
Bsp.: Si hubiera seguido allí un momento más, le habría alcanzado el rayo.
(= Hätte er noch einen Moment länger dort gestanden, wäre er vom Blitz getroffen worden.)

c3) Bei „deber", „haber", „poder" und „querer" im Hauptsatz ist statt Potencial in vielen Fällen auch Subjuntivo auf „-ra" möglich.
Bsp.: – *Gegenwart*
• Si Manolo viniera mañana, pudieras invitarle a comer.
(= Wenn Manolo morgen käme, könntest du ihn zum Essen einladen.)
– *Vergangenheit*
• Si hubieras querido, le hubieras podido vencer.
(= Wenn du gewollt hättest, hättest du ihn besiegen können.)

Übungen

I. Übersetzen Sie:

1) Es wird noch einmal ein schlimmes Ende mit dir nehmen, wenn du dich nicht vorsiehst. 2) Wenn du nur tust, was wir dir sagen, kann gar nichts schiefgehen. 3) Gesetzt den Fall, du findest 100 DM, was machst du damit? 4) Wenn ich jetzt in Madrid wäre, würde ich ins Prado-Museum gehen. 5) Solltest du nicht einverstanden sein, tun wir nicht, was sie uns sagen. 6) Er könnte viel mehr, wenn er nur wollte. 7) Wenn du dich nicht besser benimmst, schicke ich dich nach Hause. 8) Wenn ich dieses Jahr noch einmal nach Spanien gehe, dann nehme ich aber das Flugzeug. 9) Wäre der Vortrag etwas kürzer, dafür aber sachlicher gewesen, hätten wir mehr davon gehabt. 10) Falls mein Auto nicht anspringt, gehe ich zu Fuß ins Büro. 11) Der Sprit reicht noch bis nach Hause, vorausgesetzt, wir haben nicht zu oft Rot. 12) Er hätte uns Bescheid geben müssen, wenn er gewollt hätte, daß wir heute kämen. 13) Ich verrate dir mein Geheimnis nur unter der Bedingung, daß du niemandem ein Sterbenswörtchen davon erzählst. 14) Wenn man immer nur Mißerfolge einstecken muß, kann einem schon das Lachen vergehen.

II. Setzen Sie die richtige Verbform ein:

1) Siempre que (tú; necesitar) ________ ayuda, ¡dímelo! 2) Si te (venir) ________ bien,

iré a las tres. 3) Con tal que no me (tú; estorbar) _______, puedes entrar en mi cuarto. 4) Te daré las llaves con tal que me las (devolver) _______ personalmente. 5) Si no (él; ser) _______ tan perezoso, ya podría haber terminado la carrera. 6) Como no (tú; salir) _______ de mi casa enseguida, llamaré a la policía. 7) Si (seguir) _______ lloviendo un día más, volverá a inundar el Rin los sótanos de las casas contiguas. 8) En caso de que (tú; terminar) _______ antes, podrás ir de compras. 9) Si (él; dar) _______ un paso más atrás, se hubiera/habría caído por el precipicio. 10) Suponiendo que tu hija (decidirse) _______ a hacerse actriz, ¿te opondrías a ello? 11) Podríamos/Pudiéramos estar en Ratisbona ya desde hace horas si no nos (equivocar) _______ de tren. 12) Precisamente él solía decir que, caso que alguien (querer) _______ robarle, sabría defenderse.

5. Konzessivsätze (s. Gil/Banús, II.5.4.E)

Grammatik

Sie drücken einen Hinderungsgrund der Handlung des übergeordneten Satzes aus, welcher diese aber nicht verhindert.

a) *Typen von Konzessivsätzen:*

a1) Der Hinderungsgrund wird als *real* angesehen: *Indikativ*

Bsp.: Seguimos andando, aunque llueve a cántaros.
(= Wir gehen weiter, obwohl es wie aus Kübeln schüttet.)

a2) Der Hinderungsgrund wird als *möglich* angesehen:

– Nebensatz: *Präsens Subjuntivo*

– Hauptsatz: meist *Imperativ* oder *Indikativ Futur*

Bsp.: Aunque no te guste, cómetelo, por favor.
(= Auch wenn es dir nicht schmecken sollte, iß es bitte.)

a3) Der Hinderungsgrund wird als *irreal* angesehen:

– *Gegenwart*

• Nebensatz: *Imperfekt Subjuntivo*

• Hauptsatz: *Potencial simple*

Bsp.: Aunque hubiera aquí un médico, ya no le podría ayudar.
(= Auch wenn jetzt ein Arzt hier wäre, könnte er ihm nicht mehr helfen.)

– *Vergangenheit*

• Nebensatz: *Plusquamperfekt Subjuntivo*

• Hauptsatz: *Potencial compuesto*

Bsp.: Aun cuando hubiéramos llegado a saberlo un día antes, no nos habría aprovechado.
(= Selbst wenn wir es noch einen Tag früher erfahren hätten, hätte es uns nichts mehr genutzt.)

b) *Einleitende Konjunktionen*
b1) *mit Subjuntivo*
– *(Aun) a riesgo de que*
Bsp.: Aun a riesgo de que nunca me lo perdone, no puedo hacerle ese favor.
(= Auch wenn er es mir vielleicht nie verzeihen wird, kann ich ihm diesen Gefallen nicht erweisen.)
– *Por (muy) + Adjektiv/Adverb + que*
Bsp.: Por muy cansada que esté, no deja de trabajar.
(= Sie hört nicht auf zu schuften, egal wie müde sie ist.)
b2) *mit Indikativ*
– *(Aun) a sabiendas de que*
Bsp.: Aun a sabiendas de que estaba gravemente enfermo, no cambió de forma de vivir.
(= Obwohl er wußte, daß er schwerkrank war, änderte er seine Lebensweise nicht.)
– *si bien*
Bsp.: Seguía a rajatabla las indicaciones del médico, si bien los domingos se permitía algún exceso en las comidas.
(= Er folgte genau den Anweisungen des Arztes, auch wenn er sich sonntags manches Mal erlaubte, über die Stränge zu schlagen.)
– *con (todo) lo + Adjektiv + que*
Bsp.: Con todo lo valerosa que es, esto no lo podrá resistir.
(= Wenn sie auch sehr tapfer ist, das wird sie nicht verkraften können.)
b3) Weitere Partikeln *(mit Indikativ oder Subjuntivo)*
– *Aun cuando*
Bsp.: • Aun cuando yo quisiera, no podría ir contigo.
(= Auch wenn ich wollte, könnte ich nicht mit dir fahren.)
• Aun cuando quiso, no tuvo ocasión de defenderse.
(= Obwohl er wollte, hatte er keine Gelegenheit, sich zu verteidigen.)
– *Por más que*
Bsp.: • Por más que lo pida, no le dejaré mi coche.
(= So viel er auch bittet/bitten mag, mein Auto gebe ich ihm nicht.)
• Por más que me pidió el coche, no se lo dejé.
(= So viel er mich auch um den Wagen bat, ich habe ihn ihm nicht geliehen.)
– *Por mucho/poco (+ Substantiv) + que*

Bsp.: • Por mucho que nos esforzamos en tenerle contento, no le gusta trabajar en nuestra empresa.
(= So sehr wir uns auch bemühen, ihn zufriedenzustellen, es gefällt es ihm (einfach) nicht, in unserem Unternehmen zu arbeiten.)
• Por mucho que le ofrezcas, nunca va a venderte esa moneda.
(= Egal, wieviel du ihm bietest, diese Münze verkauft er dir nie.)

– *Umgangssprache:* „y todo" nach Gerundio, Partizip oder Adjektiv

Bsp.: • Preguntándole Manolo y todo, no dio respuesta alguna.
(= Obwohl Manolo ihn fragte, gab er keine Antwort.)
• Lavado y todo sigue sin gustarme este pantalón.
(= Obwohl diese Hose schon gewaschen ist, gefällt sie mir immer noch nicht.)

Übungen

I. Übersetzen Sie:

1) Mag er auch noch so inständig bitten, von uns bekommt er nichts. 2) Obwohl man es ihm mit einer Skizze erklärte, verstand er es nicht ganz. 3) Er beeilte sich kein bißchen, obwohl er wußte, daß wir schon spät dran waren. 4) Du kannst so viel heulen, wie du willst, von mir bekommst du nicht diese horrende Summe für einen Pelzmantel. 5) Wenn er auch manchmal seltsame Ansichten hat, kommen beide doch sehr gut miteinander aus. 6) Selbst wenn ich dort eine gute Arbeit bekommen sollte, ziehe ich nicht in diese Stadt. 7) Und wenn man ihm das doppelte Gehalt böte, er bliebe doch keinen Tag länger in dieser Firma. 8) So traurig er auch selbst war, er hatte trotzdem noch tröstende Worte für uns. 9) Auch auf die Gefahr hin, daß du nicht mehr mit mir sprichst, sage ich dir jetzt einmal ehrlich, was ich von all dem halte. 10) So wenig sie auch lernen mögen, bisher haben sie doch noch alle Prüfungen bestanden. 11) Wenn diese Übersetzung auch nicht gerade berauschend war, so war sie dennoch zumindest zufriedenstellend. 12) Selbst wenn die Aktien jetzt noch gestiegen wären, hätte ihn das nicht mehr vor dem Ruin bewahren können. 13) Obwohl Buero Vallejo mehr als einmal beteuert hat, daß seine wahre Berufung die Malerei sei, beschäftigt er sich ab 1946 mit dem Theater. 14) Das charakteristische Sich-Überstürzen der Ereignisse in den Dramen kann, so unrealistisch es auch erscheinen mag, dennoch eine effektvolle Verstärkung der dramatischen Wirkung bedeuten.

II. Setzen Sie die richtige Verbform ein:

1) Si bien (él; vivir) ________ en aquella ciudad desde hacía años, no pudo decirme dónde estaba aquella famosa taberna. 2) Con todo lo preocupada que (estar) ________, se esforzó, sin embargo, por ofrecernos una velada agradable. 3) Aunque

(tú; tener) _______ unos millones de marcos, no podrías tener una buena amistad con ese tipo de gente. 4) Por muy rápido que (correr) _______ los demás, él les alcanzaba siempre. 5) Por más que (helar) _______ esta noche, nosotros iremos a Baviera en coche mañana por la mañana. 6) Nosotros saldremos a las cinco de la tarde, aun cuando no (estar) _______ todos. 7) Tu adversario era demasiado fuerte: aun cuando (hacer) _______ esfuerzos sobrehumanos, no podrías haberle ganado. 8) Aun cuando a veces (él; cometer) _______ errores, es una gran ayuda para el departamento. 9) Aunque esto quizás (ser) _______ difícil, ellos lo lograrán. 10) Es una persona muy responsable: aunque le (ellos; decir) _______ que le está esperando el rey en persona, terminaría el trabajo antes de salir hacia palacio. 11) Aun a sabiendas de que (poder) _______ costarle el pellejo, libertó al prisionero. 12) Aun a riesgo de que me (romper) _______ todos los huesos que tengo en el cuerpo, bajaré mañana esa pendiente tan peligrosa. 13) Por mucho que (él; comer) _______, no engordará ni un gramo. 14) Por muy malas que (ser) _______ las probabilidades de obtener un empleo, ella no estudiaría otra carrera.

6. Modalsätze (s. Gil/Banús, II.5.4.F)

Grammatik

a) *Modus:* Subjuntivo, wenn der Modalsatz keine Gewißheit, sondern eine Potentialität zum Ausdruck bringt.

Bsp.: Subirán los precios de los artículos de consumo en la misma medida en que aumenten los salarios.
(= Die Preise für Verbrauchsgüter werden in demselben Maße steigen, in dem die Löhne erhöht werden.)

Aber: Subieron los precios de los artículos de consumo en la misma medida en que aumentaron los salarios.
(= Die Preise für Verbrauchsgüter stiegen in demselben Maße, in dem die Löhne erhöht wurden.)

b) *Typen von Modalsätzen im Deutschen*

b1) *Instrumentalsatz*

Dt.: „indem"/„dadurch, daß"; Sp.: „Gerundio"

Bsp.: Er zeigte seinen guten Willen, indem er uns wenigstens eine Karte schickte.
(= Mostró buena voluntad enviándonos al menos una postal.)

b2) *Modalsatz des fehlenden Begleitumstandes*

Dt.: „ohne daß"; Sp.: „sin que + Subjuntivo"

Bsp.: Er verschwand, ohne daß es jemand gemerkt hätte.
(= Desapareció sin que nadie lo notara.)

b3) *Komparativsatz*
– Verhältnis der *Gleichheit*
Bsp.: • Es ist alles noch *so, wie* wir es hinterlassen haben.
(= Todo está *tal y como/igual que* lo dejamos nosotros.)
• Er hat *so viel, wie* er braucht.
(= Tiene *tanto cuanto/como* necesita.)
– Verhältnis der *Ungleichheit*
Bsp.: Es kommt *anders, als* man glaubt.
(= Las cosas vienen *de forma distinta a como* uno piensa.)
– *Hypothetisches* Verhältnis
Bsp.: Er tut gerade *so, als* gehörte es ihm alleine.
(= Hace *como si* fuera de él solo.)
– *Proportionales* Verhältnis
Bsp.: • *Je mehr* wir ihn bedauern, *um so* wehleidiger wird er.
(= *Cuanto más* le compadecemos, *(tanto) más* quejica se vuelve.)
• *Je nachdem ob* ich Zeit habe oder nicht, schaue ich heute abend bei euch vorbei.
(= Puede que pase esta tarde por vuestra casa, *depende de que* tenga tiempo./*Según* tenga tiempo pasaré esta tarde por vuestra casa o no.)
b4) *Modalsatz der Spezifizierung*
Dt.: „insofern..., als"; „um so..., als"
Sp.: „en la medida en que"; „tanto más...cuanto que"
Bsp.: - Diese Lektion ist *insofern* bedeutend, *als* sie die häufigsten Funktionen dieser Präpositionen zusammenfaßt.
(= Esta lección es importante *en la medida en que* resume las funciones más corrientes de estas preposiciones.)
– Das ist *um so* schöner, *als* wir es gar nicht erwartet haben.
(= Esto es *tanto más* bonito, *cuanto que* no lo esperábamos.)
b5) *Restriktivsatz:* „sólo que", „salvo/excepto que", „a menos que", „según" etc.
Bsp.: Soweit ich weiß, fangen die Semesterferien am Freitag an.
(= *Que yo sepa,* en la Universidad las vacaciones empiezan el viernes.)

Übungen

I. Übersetzen Sie:

1) Der Roman ist nicht so spannend, wie sie alle behaupten. 2) Es werden sich sichere Prognosen stellen lassen, je nachdem ob wir über repräsentatives Material verfügen oder nicht. 3) Soviel mir bekannt ist, arbeitet er in einem Übersetzerbüro. 4) Dadurch, daß man täglich ausländische Zeitungen liest, erweitert man seinen Wort-

schatz ungemein. 5) Er hatte auf einmal das Gefühl, als zöge man ihm den Boden unter den Füßen weg. 6) Du siehst genauso aus wie deine Mutter, nur daß du blaue Augen hast. 7) Er stimmte ihren Worten insoweit zu, als sie seinen eigenen Ansichten entsprachen. 8) Mir scheint auch das Kleid sehr schön zu sein, nur glaube ich nicht, daß es dir passen wird. 9) Der Abend verlief ganz anders, als sie geplant hatten. 10) Das Semester beginnt Ende September oder Anfang Oktober, je nachdem wann das Ministerium es festlegt. 11) Der Bremsweg wird um so länger, je schneller man fährt. 12) Je länger man dieses Bild betrachtet, um so mehr Einzelheiten fallen einem auf. 13) Er kommt nicht, er müßte es sich denn anders überlegt haben. 14) Er stellt nie den Fernseher an, höchstens wenn eine Reportage über sein Fachgebiet kommt. 15) Der Hund stinkt immer noch so, wie er vor dem Bad gestunken hat. 16) Die Ausführungen des Politikers sind insofern unvollständig, als sie die negativen Seiten außer acht lassen. 17) Er ist um so unentbehrlicher, als er der einzige ist, der damit umzugehen versteht. 18) Die Regierungsoberhäupter dieser zwei Nationen gingen auseinander, ohne daß die Abkommen unterschrieben worden wären. 19) Wie uns die Redaktion soeben mitteilt, gab es bei diesem schweren Unfall 20 Tote und 130 Verletzte.

II. Setzen Sie die folgenden Partikeln an die richtige Stelle:

como, como si, excepto que, salvo que, sólo que, en la medida en que, según, sin que, tanto más cuanto que, (Gerundio)

1) No era tan fácil _______ parecía. 2) Ella utilizó mi bicicleta _______ yo se lo hubiera permitido. 3) No sabíamos nada de ella, _______ pasaba por aquí cada miércoles. 4) Javier terminó nuestra discusión (salir) _______ bruscamente del cuarto. 5) _______ lo prueba la experiencia, será mejor esperar un poco más. 6) Se mueve _______ hubiera bebido un litro de cognac. 7) De su enfermedad no sé nada, _______ la dan de alta mañana. 8) Esta conclusión es incorrecta, _______ se basa en falsos presupuestos. 9) Era muy justo que el Perú se opusiera en guarda de sus intereses y su seguridad, _______ la expresada división se hallaba a las órdenes del mismo General Sucre. (J. de Arona)

III. Setzen Sie die richtige Verbform ein:

1) Mataba al tiempo (escribir) _______ cartas. 2) Hablé con él media hora sin que me (reconocer) _______. 3) Cuanto más lo (pensar) _______, mejor lo comprenderás. 4) Cuantas menos palabras (decir) _______ él, más furiosa se ponía ella. 5) Cumpliremos tus deseos en la medida en que nos (ser) _______ posible. 6) Puedo creer tu relato, en la medida en que (basarse) _______ en hechos concretos. 7) El domingo iremos a navegar a vela, a no ser que (haber) _______ una borrasca. 8) Los domingos solían ir al parque, a no ser que (venir) _______ a visitarles sus hijos.

9) Según me (decir) _______ una compañera de estudios, no habrá clases la semana que viene. 10) Un huevo debe cocer tres o cinco minutos, según que uno lo (preferir) _______ pasado por agua o duro. 11) Se comportaba como si no (ver) _______ nada de lo ocurrido anteriormente.

7. **Temporalsätze** (s. Gil/Banús, II.5.4.G)

Grammatik

a) *Einleitende Konjunktionen*

Die häufigsten sind:

- mientras (que)/en tanto que: während
- en cuanto/tan pronto como/así que: sobald
- apenas: kaum
- cuando: als, wenn
- antes de que: bevor
- después de que: nachdem
- desde que: seitdem
- hasta que: bis
- siempre que/cada vez que: immer/jedesmal wenn, sooft

b) *Modus*

– *Subjuntivo:* bei Vorwegnahme (= wenn die Handlung des Nebensatzes in der Zukunft liegt)

Bsp.: El niño no puede salir hasta que su cuarto esté arreglado.
(= Das Kind darf nicht weggehen, bis sein Zimmer aufgeräumt ist.)

– *Indikativ:* wenn eine Tatsache aus der Vergangenheit zum Ausdruck kommt.

Bsp.: El niño no pudo salir hasta que terminó los deberes.
(= Das Kind durfte nicht weggehen, bis es die Hausaufgaben gemacht hatte.)

c) *Iterative Temporalsätze*

c1) *Gegenwart:* Indikativ Präsens

Bsp.: Siempre que plancha, escucha la radio.
(= Immer wenn sie bügelt, hört sie Radio.)

c2) *Vergangenheit:* Indikativ Imperfekt

Bsp.: Siempre que no llevaba paraguas, se ponía a llover.
(= Immer wenn sie keinen Schirm dabei hatte, fing es an zu regnen.)

Übungen

I. Übersetzen Sie:

1) Sooft er Oliven aß, bekam er Sodbrennen. 2) Greifen Sie zu, solange der Vorrat reicht! 3) Kaum daß ich ihn angerufen hatte, (da) stand er auch schon im Büro. 4) Es wird noch eine ganze Weile dauern, bis du wieder richtig gehen kannst. 5) Du kannst es mir bezahlen, wenn/sobald du Geld hast. 6) Jeden Morgen trank er, nachdem er aufgestanden war, ein Gläschen Sekt, um seinen Kreislauf in Schwung zu bringen. 7) Als Emilio die Tür seiner Wohnung öffnete, lag da ein Brief auf dem Fußboden. 8) Sowie der Erpresser eingehängt hatte, benachrichtigten sie die Polizei. 9) Sowie die ersten Sonnenstrahlen auf ihr Gesicht fallen, wacht sie auf. 10) Es kommt mir immer wie ein Traum vor, wenn ich daran denke. 11) Vergiß nicht, das Gemüse vom Herd zu nehmen, bevor es zu kochen anfängt! 12) Nachdem die letzten Aufstände ohne Blutvergießen niedergeschlagen werden konnten, herrscht jetzt wieder Ruhe und Ordnung im Land. 13) Seitdem die Hauptstraße in eine Fußgängerzone umgewandelt wurde, gehen die Geschäfte immer besser. 14) Eine offizielle Stellungnahme wird erst dann abgegeben, wenn die Einzelheiten näher bekannt sind. 15) Die Bergleute streikten so lange, bis ihre Forderungen akzeptiert wurden. 16) Kaum daß wir uns von diesem Schlag erholt hatten, kam schon die nächste Hiobsbotschaft. 17) Nachdem die Sonne untergegangen ist, gehen wir wieder ins Haus. 18) Die Jungen lagen auf dem Bauch und spielten Karten, während die Alten im Schatten der Dorfeiche Geschichten aus längst vergangenen Zeiten erzählten.

II. Setzen Sie die richtige Verbform ein:

1) Todas las tardes, Concha veía la televisión mientras Pablo (leer) ________ un libro. 2) ¡No estorbes a Pablo mientras (estar) ________ leyendo! 3) Mientras no (haber) ________ corriente eléctrica no puedo guisar. 4) En aquel entonces, cuando aún (nosotros; ser) ________ niños, existía todavía esa pequeña aldea romántica. 5) Cuando (ver) ________ a Dolores, se lo diré. 6) Por favor, ¡abre todas las ventanas en cuanto (llegar) ________ a casa! 7) Apenas (bajar) ________ el telón, los espectadores se levantaron para aplaudir. 8) Siempre que (tener) ________ que hablar ante mucha gente, se moría de miedo. 9) Teníamos un rebaño numeroso, antes de que la peste bovina (atacar) ________ todo el ganado. 10) Señale Vd. el producto que desea antes de (introducir) ________ las monedas en la máquina. 11) Después de que (vosotros; comer) ________, fregaré la vajilla. 12) Ahora, después de que lo (decir) ________ tú, me acuerdo también yo. 13) Entonces aún no sabía que Manolo habría de luchar mucho hasta que le (ellos; dar) ________ un empleo. 14) ¡Quédate aquí

hasta que yo (volver) _______! 15) No dejó de gritar hasta que le (nosotros; tapar) _______ la boca con un chupete.

III. Imperfekt oder Indefinido? Setzen Sie ein:

1) Siempre que (venir) _______ a visitarla, le traía un ramo de flores. 2) Cuando (volverse) _______, vio a su mujer junto a la puerta. 3) La conoció cuando (ir) _______ de vacaciones a la montaña hace dos años. 4) Cuando (ir) _______ a Málaga, solía hospedarse en un hotel que tenía todas las comodidades. 5) Tenía la costumbre de descalzarse siempre que (entrar) _______ en casa. 6) Estaba para salir cuando (recordar) _______ que aún no nos había contado lo más importante. 7) Cuando (representarse) _______ esta pieza teatral, el teatro siempre estaba lleno. 8) El chico no tenía más que tres años cuando (morir) _______ su madre. 9) Cuando (ir) _______ a la ciudad siempre se ponía el mejor traje. 10) Acababan de dar las doce de la noche, cuando un grito desgarrador (oírse) _______ en la calle solitaria.

8. Gemischte Übungen zu den adverbialen Nebensätzen

I. Übersetzen Sie:

1) Er ist sehr aufbrausend, obwohl er aussieht, als könnte er kein Wässerchen trüben. 2) Als die Mannschaft seiner Heimatstadt Fußballmeister wurde, war er so stolz, als wäre es sein Verdienst. 3) Sowie ich nach Hause komme, rufe ich dich an, damit du weißt, daß nichts passiert ist. 4) Wärest du etwas früher gekommen, hättest du ihn noch angetroffen, denn er ist eben erst zur Türe hinaus. 5) Nur daß du es weißt: wenn du mich noch einmal so erschreckst, daß ich bald in Ohnmacht falle, dann kannst du was erleben! 6) Sie hatten mir so die Stimmung vermiest, daß ich nach Hause gegangen wäre, wenn du mich nicht davon abgehalten hättest. 7) Es wird noch eine Weile dauern, bis die Ergebnisse der Wahl bekanntgegeben werden, da das Verfahren diesmal wesentlich komplizierter ist als sonst. 8) Ich heiße Julio, aber wenn du mich besuchen kommen möchtest, dann frag nach „El Campeón", denn unter dem Namen bin ich hier bekannt, seit ich einmal einen großen Boxer k.o. geschlagen habe. 9) Die Matrosen nutzten die Zeit, indem sie heißen Teer über die Planken der Schiffe strichen, damit diese die bevorstehende mühevolle Reise ohne Schaden zu nehmen überständen. 10) Da man sich vor allem durch seine Sprache „verrät", muß ein Autor, wenn ihm an einer individuellen Charaktergestaltung gelegen ist, besonders auf die Sprache seiner Protagonisten achten. 11) Als ich mich eingehender mit diesem Problem beschäftigte, erkannte ich mehr und mehr, daß es gar nicht so einfach zu lösen war, wie es anfangs schien.

II. Setzen Sie die richtigen Konjunktionen oder Einleitungspartikeln ein:

1) Por favor, espera _______ todos estemos listos. 2) Partió para Australia _______ lo supiésemos. 3) _______ no puedas venir, ¡dímelo cuanto antes! 4) _______ han trasladado a la madre al hospital, la hija mayor cuida de los hermanitos. 5) Esta cámara hace fotos muy buenas, _______ no me costó más que 20 marcos. 6) Afortunadamente, no se comportó _______ temíamos. 7) _______ puedas ir a recoger las entradas, tengo que sacar dinero del banco. 8) Conocía todas las calles _______ ya hubiera estado ahí antes. 9) La capital de España tiene más de 4 millones de habitantes, _______ la de ese otro país ni siquiera tiene 500.000. 10) Nunca creería yo posible una cosa así, _______ no lo hubiera visto con mis propios ojos. 11) _______ había abierto la puerta _______ ellos ya entraron precipitadamente. 12) Fue a visitarles _______ no se enfadaran. 13) _______ complicados que sean sus métodos, siempre acaba antes que nosotros. 14) Tengo mucho trabajo, _______ no puedo ir a ver a mi abuela. 15) _______ asistías a clase con tanta asiduidad, hiciste muy bien los exámenes. 16) José va al doctor Jiménez _______ éste le haga un chequeo. 17) Te lo diré _______ me lo diga él. 18) _______ su marido esté de viaje, mi hermana se quedará conmigo. 19) _______ había despegado el avión, cuando falló el motor derecho. 20) La gata vagabunda la toleraban todos, _______ con ella no quedaba rata viva.

III. Setzen Sie die richtige Verbform ein:

1) Nos lo dio sin que se lo (pedir) _______. 2) Le dio unas pesetas para que (divertirse) _______. 3) ¡No tomes una decisión antes de (considerar) _______ bien las consecuencias! 4) Por favor, ¡ven tan pronto como te (ser) _______ posible! 5) Aun cuando el médico (llegar) _______ antes, no habría podido salvar la vida del herido. 6) Nada ha ocurrido como (decir) _______ la quiromántica. 7) Puesto que (tú; ir) _______ en la misma dirección que yo, podemos ir juntos. 8) Está en casa, a menos que (tener) _______ turno de noche. 9) En cuanto (cerrar) _______ los ojos se durmió. 10) Antes de (salir) _______, se miró un momento en el espejo. 11) Caso que tú no lo (saber) _______ tampoco, me veré en apuros. 12) Aunque Javier (tener) _______ un fuerte resfriado, no se queda en casa, aun a riesgo de que (cogerse) _______ una pulmonía. 13) ¡Explícaselo de modo que (llegar) _______ a comprenderlo! 14) Por bien preparada que (estar) _______, tendrá miedo en el examen. 15) Así que (oír) _______ mencionar la palabra „vacaciones", se puso a dar saltos de alegría. 16) Puedes ayudarme a pelar patatas hasta que (venir) _______ a recogerte tu novio. 17) Hacía como que lo (entender) _______ todo. 18) Mientras no (tú; pagar) _______ las deudas, no puedes contar con más dinero. 19) No me quedo en casa porque (nevar) _______, sino porque me (quedar) _______ mucho por hacer. 20) Después de que (ellos; revisar) _______ la moto, la venderé. 21) Los ladrones

usaron antifaces para que nadie les (reconocer) _______. 22) Han pasado muchas cosas desde que nos (ver) _______ el domingo pasado. 23) El gobierno impuso un control de importación para (poner) _______ término a la evasión de capitales.

IV. Verbinden Sie die Sätze mit einer adverbialen Konjunktion:

1) Ayer le trajimos un ramo de flores a Angela. Cumplió 18 años. 2) Primero leí algunas páginas de la novela, después la compré. 3) Fregó la casa de arriba abajo. Quería que la suegra no le pusiera pega alguna. 4) Calentaré la sopa de guisantes y, después, me la comeré. 5) Cogió del montón sólo algunas manzanas. No podía llevar más. 6) Entró en la sala de estar. En este momento, el reloj de pared dio las once. 7) Estaba completamente borracho. No obstante, quiso conducir. 8) Esta ciudad no es buena para los ciclistas. No tiene vías especiales para ellos. 9) Es muy probable que los negocios sigan marchando viento en popa. En este caso, podremos contratar a más obreros. 10) Paco dio un frenazo e, inmediatamente después, sintió un fuerte golpe en la nuca. 11) Enrique estaba herido. Sin embargo, ganó el campeonato. 12) Le atormentan dolores espantosos. Ya no los puede aguantar. 13) El enfermo tomó todas las medicinas. Sin embargo, su estado siguió agravándose.

V. Übersetzen Sie:

1) ¡Que nadie me moleste mientras estoy comiendo! 2) ¡No porque seas mi mejor amigo, me puedes decir una cosa así! 3) Según dicen, este semestre los exámenes serán durísimos. 4) Por favor, factura el equipaje para que no tenga que ir cargado con las maletas en el viaje. 5) Consiguió evitar un choque dando en el último momento un volantazo hacia la cuneta. 6) En cuanto llegó a casa, tiró al suelo la cartera y se sentó a la mesa. 7) Se ha hecho mucho daño al caerse, sobre todo porque ya estaba herido. 8) Su comportamiento fue tal y como yo me lo temía. 9) Me dio tanto dinero que pude comprar el doble. 10) ¡Ven que te dé algo para tu madre! 11) Por verte feliz yo hago todo. 12) Como surjan dificultades, ¡avísame! 13) ¡No porque hayas suspendido un solo examen vas a perder el curso! 14) Por mal que se expresó el extranjero, todos le entendieron. 15) La reapertura del proceso es tanto más necesaria cuanto que entretanto han surgido nuevos datos.

VI. Konjunktionen mit unterschiedlicher Bedeutung:

a) *Übersetzen Sie ins Deutsche und geben Sie die Art des Nebensatzes an:*

1) ¡No te acerques tanto al perro, que te va a morder! ¡Tráemelo que lo pueda examinar detenidamente!

2) Tan pronto como cerró la puerta trás de sí se dio cuenta de que se había olvidado las llaves. Se decidió tan pronto, que no tuvimos que andar convenciéndola.

3) Gana tanto, que ya no puede contar el dinero. Tanto vales cuanto tienes. Su crítica es tanto más justificada cuanto que desvela verdaderas anomalías.
4) Cuanto más huevos pongas, mejor resultará la pasta. Comieron del asado cuanto pudieron. Su historia nos cautivó tanto más cuanto que no nos podíamos imaginar cómo acabaría.
5) Todo quedó según estaba antes. Según nos dijo Pedro, no tiene sentido seguir insistiendo.
6) Obtuvo la vacante de cajera porque parecía tan digna de confianza. Estuvieron en silencio porque (para que) no se despertara el niño. Porque nos amenacen los adversarios, no vamos a perder ahora los nervios.
7) Todo se hará como Vd. diga. Como se habían marchado ellos, yo me fui también. Como se marchen ellos, yo me iré también. Tal y como van las cosas, será mejor que atrasemos el viaje. Salió corriendo como si le persiguiera el mismísimo diablo.

b) *Übersetzen Sie ins Spanische und geben Sie die Art des Nebensatzes an:*
1) So lange er auch hier warten mag, ich werde es ihm nicht geben! Solange du auf der Schule warst, kamen deine Eltern für dich auf.
2) So oft er auch kam, er wurde abgewiesen. Sooft er kam, wurde er abgewiesen.
3) Wenn es euch auch nicht paßt, ich sage, was ich denke. Wenn es weiter so stark schneit, fällt morgen die Schule aus. Wenn es schneit, fahren wir immer mit den Skiern zur Schule. Sie sagte kein Wort, außer wenn wir sie fragten. Wenn die Bauern sich weigerten, die Forderungen der Landbesitzer zu erfüllen, wurden ihre Häuser zerstört und die wenigen Dinge, die sie besaßen, beschlagnahmt.
4) Soweit ich kann, repariere ich mein Auto selbst. Soweit ich es beurteilen kann, ist dieser Aufsatz nicht berauschend.
5) Sofern ihr keine Fragen mehr habt, könnt ihr nun gehen. Seine Arbeit ist insofern gut, als sie wissenschaftlich begründet ist.

Schlüssel
zu den
Übungen

I. DAS SUBSTANTIV

A. SUBSTANTIVIERUNGEN DURCH DEN ARTIKEL

I.

1) Esta tarde ponen en el cine la película „Los Intocables". 2) Efectivamente ocurrió lo imposible: ha encontrado a los suyos. 3) En sus cuentos, al final, siempre gana el bueno y castigan al malo. 4) Esto es lo más importante que hay que hacer todavía. 5) Hay que cortar el mal de raíz. 6) Este cambio no se llevará a cabo, yo me quedo con lo mío. 7) Armstrong fue el primero en poner un pie en la luna. 8) Lo peor es que no toma en serio el estudiar. 9) Ella fue la tercera en llegar a la meta. 10) Lo primero que se me ocurrió fue llamarte por teléfono.

II.

1) el 2) Lo; el 3) el 4) Lo; lo 5) El; lo; el 6) lo; lo 7) El; el 8) el; el 9) el

B. DAS PRÄDIKATIV

1) Le hemos tenido siempre por un cobarde, pero ayer demostró tener mucho valor. 2) Nuestra sospecha resultó infundada. 3) Pasa por insobornable. 4) Como árbitro imparcial no pudo decidir de otra manera. 5) Lo considero improcedente. 6) No vino en calidad de político, sino como un particular. 7) Vino oficialmente a Bonn en calidad de embajador de su país. 8) ¿Quién se creerá que es? 9) Tuvo que trabajar duro hasta que le nombraron director. 10) Estuvo diez años de embajador en París. 11) Juan Carlos fue coronado rey en el año 1975. 12) Tuvo que declarar como testigo en el juicio. 13) Ella tuvo que pagar 500 marcos de indemnización. 14) Esto me sorprende como muestra de interés. 15) Por haber entregado honradamente lo hallado recibió 1000 marcos de recompensa. 16) Por fin fue ascendido a coronel. 17) Murió como un héroe. 18) La Porta Nigra en Tréveris pasa por/es considerada como el monumento romano más importante de Alemania. 19) El sol les sirvió de indicador del camino.

Schlüssel: I.C.

C. Übersetzungen deutscher Wortzusammensetzungen

I.

1) Por favor, ve a la farmacia a comprarme el jarabe para/contra la tos; la receta está en el bolsillo de mi abrigo. 2) Su espíritu de compañerismo y su disposición a ayudar eran insuperables. 3) Ese niño prodigio compuso un concierto para piano ya a la edad de 6 años. 4) La semana pasada he ganado una suma bastante grande en el sorteo por clases; con ese premio fui en seguida a la tienda de muebles y pagué el nuevo mobiliario de nuestra sala de estar. 5) Tenemos que llevar el perro de caza al veterinario, porque ha comido del veneno contra los ratones que hemos esparcido en el jardín. 6) Mi mala memoria para los nombres me vuelve a dejar en la estacada, pero tú como aficionado al arte sabrás seguramente el nombre del comerciante en objetos de arte junto a esa bocacalle. 7) En el campeonato de los pesos pesados, el campeón americano del año pasado venció a su ya extenuado compatriota en el cuarto asalto con un gancho en la mandíbula. 8) En este diario me interesan sobre todo las cartas al director; aquí, por ejemplo, hay una sobre la escasez de aparcamientos en las inmediaciones de la estación. 9) Tema central de las conversaciones entre el Ministro de Defensa alemán y su colega americano serán los problemas de la política de seguridad y del control de armamento. 10) Del reembolso del impuesto sobre la renta me compré faros antiniebla para mi utilitario. 11) El ferrocarril aéreo de magneto, que se construyó con recursos para la investigación de alrededor de mil trescientos millones de marcos, ha de ser aún experimentado ampliamente. 12) Un buque escuela que estaba anclado en el puerto de Hamburgo fue abordado el jueves por un barco cisterna y se hundió. La tripulación del buque pudo ser salvada después del accidente con ayuda de hombres-rana y helicópteros salvavidas que les sacaron del agua helada. 13) Una aptitud para la enseñanza, por muy excelente que sea, no significa una garantía para un puesto de trabajo, ya que – a pesar de la escasez de profesores – tienen que efectuarse más reducciones en el empleo de profesores a causa de la crisis financiera del Estado.

II.

1) traidor a la patria 2) fluctuaciones de la coyuntura 3) instalación para el aprovechamiento de basuras 4) portería 5) chocolate con leche 6) demora en la entrega 7) fisión nuclear 8) bonificación por cantidad 9) conflicto laboral sobre salarios 10) hombre-anuncio

II. DAS ADJEKTIV

A. STELLUNG, B. KONKORDANZ

I.

1) En esta escuela de idiomas, uno puede estudiar las lenguas inglesa, francesa, española, italiana, portuguesa y rusa. 2) Los tapices y vidrieras góticos representaban principalmente acontecimientos bíblicos e históricos. 3) El Parlamento Federal exigió la inmediata retirada incondicional de las tropas soviéticas de Afganistán. 4) El „tinito" es un atormentador zumbido en los oídos, del que sólo hay esperanza de curación completa en casos aislados. 5) En esta ancha y hermosa calle reina todos los días un variopinto y vivo trajín. 6) En estos días uno puede ver a muchas personas cargadas de bolsas y paquetes pesados. 7) Aquel caballo negro grande de ahí delante es un gran caballo de carreras. 8) Nuestros dos agresivos perros persiguieron ayer a la vieja gata de nuestro vecino a través de su enorme y abandonado jardín. 9) El tema del encuentro franco-alemán fue sobre todo la situación económico-social de ambos países. 10) La guerra franco-sueca terminó en 1648 con la paz de Westfalia. 11) El carguero de América Central iba cargado con productos químicos explosivos muy venenosos. 12) Los toneles cargados con sustancias peligrosas tenían que ser almacenados en el antiguo terreno del cuartel cercano a Santa Cruz de Parga. 13) Un viejo portalón de hierro forjado abre el paso hacia las ruinosas casas y cuadras a través de un jardín grande y abandonado. 14) En la exposición pudimos admirar las muchas y hermosas pinturas y grabados del famoso artista francés. 15) Viven en una pequeña aldea idílica con granjas románticas y con una planta de experimentación grande y moderna. 16) Estamos buscando una casa moderna, amplia y no demasiado cara con un jardín en que haya hermosos árboles frutales y arbustos de adorno. 17) Los etnólogos, investigadores de los fundamentos materiales y espirituales de las más variadas comunidades, ya no se limitan desde hace tiempo a grupos cerrados relativamente pequeños, por lo que se amplía cada vez más el campo de investigación y labor etnológicas. 18) Un caluroso y soleado día de verano estaban jugando de mala gana en una calle ancha, polvorienta, sin pavimentar, unos chiquillos tristes y desharrapados con bolitas y canicas llenas de polvo. 19) La mañana estaba tranquila, en un silencio hondo, solemne, extenso, vacío, bajo la campana azul del cielo, que parecía llenarse con un zumbido insistente, continuo, desesperado.

II.

1) la danza más antigua 2) las calles alfombradas con hierbas olorosas 3) importantes núcleos turísticos; sus viejas tradiciones 4) Los personajes fundamentales 5) unos bailes recios y viriles/recios y viriles bailes

Schlüssel: II.C./D./E.

C. Vergleich des Adjektivs, D. Komparativ, E. Superlativ

I.

1) En las regiones de más de 1.500 m de altura habrá nevadas el fin de semana. 2) Esta fue la lluvia más torrencial desde el diluvio universal. 3) Se pasa estudiando la mayor parte del tiempo. 4) ¡Y yo que creía que él era el dueño del hotel, pero no es más que el portero! 5) Estaba sumamente decepcionada. 6) En Colonia hay menos estudiantes que en Munich. 7) Este abrigo resultó baratísimo. 8) Estas Navidades no me han escrito más que dos postales. 9) Nunca hemos tenido tanto trabajo como ahora. 10) ¡Hombre, tú creces cada vez más! 11) El „Colonius" es más alto que la catedral de Colonia; tiene más de 260 metros de altura. 12) Ese chaval es más listo que el hambre. 13) Tengo tanto miedo al dentista como vosotros. 14) Este coñac es de extraordinaria calidad. 15) Esto, no lo entiende ni en broma. Es más tonto que Abundio. 16) Tus espinacas están riquísimas. 17) No hay cosa más cruel que ser ciego en Granada, una de las ciudades más hermosas del mundo. 18) Aunque no llevas tanto tiempo estudiando, ya sabes tanto como él. 19) En el desván dimos con un cajón antiquísimo lleno de vestidos sumamente caros. 20) El sábado, cuando menos lo esperaba, ganó realmente más de 2.000.000 de marcos en la lotería. Ahora es más rico que Onasis.

II.

1) Hoy hace tanto frío como ayer. 2) Barcelona tiene más habitantes que Colonia./Colonia tiene menos habitantes que Barcelona. 3) El Mulhacén es la montaña más alta de España. 4) La catedral gótica de Santander es más antigua que la de León. 5) El Tajo es el río más largo de la Península Ibérica. 6) María se levanta antes/más temprano que Carmen. 7) Juan está tan moreno como sus amigos. 8) La lección del indefinido e imperfecto me parece más difícil que la de la voz pasiva. 9) Matías tiene tantos hermanos como hermanas. 10) La mayoría de los miembros votó por el presidente.

III.

1) que 2) de 3) que/de 4) que 5) de/que 6) que; que 7) que/de 8) de; que 9) de; que; que/de 10) que; que/de; de

IV.

riquísimo, fidelísimo, novísimo, sapientísimo, fortísimo, antiquísimo, poquísimo, paupérrimo, simplicísimo, larguísimo, nobilísimo, celebérrimo, sacratísimo, amabilísimo, libérrimo

III. DAS ADVERB

A. ADVERBIEN DER ART UND WEISE

I.

1) formalmente – informalmente 2) / – irresistiblemente 3) posiblemente – / 4) probablemente – / 5) normalmente – / 6) / – desesperadamente 7) / – / 8) regularmente – irregularmente 9) / – increíblemente 10) legalmente – ilegalmente

II.

a)

1) Esta explicación se comprende fácilmente. 2) El locutor comenta detalladamente el partido de fútbol. 3) Cantaban alegremente. 4) Posiblemente venga. 5) Tira fuertemente de la palanca. 6) Felizmente, todo ha venido a arreglarse a su favor. 7) Dobla la esquina velozmente. 8) Teóricamente, no puede salir mal. 9) Llovía incesantemente. 10) Finalmente, los partidos llegaron a un acuerdo.

b)

1) En el hospital buscan con urgencia a donantes con el grupo sanguíneo AB. 2) Por lo general, a estas representaciones teatrales va mucha gente. 3) Lo ha afirmado en serio. 4) Sin duda, es como decís. 5) El general se lanzó con resolución al ataque. 6) Lo confesó con franqueza. 7) Para otorgar un poder, es preciso comparecer en persona. 8) Después del informe del querellante, todos los presentes conocían al/con todo detalle la vida y milagros del acusado. 9) Conduce con habilidad por el denso tráfico.

III.

1) con 2) en 3) de 4) sin 5) con 6) de 7) en 8) a 9) de; en 10) por 11) De; en 12) de 13) de

IV.

1) En la gran sala, las tres puertas estaban abiertas de par en par . 2) Hay que proceder justa, honrada y noblemente también con los enemigos. 3) Cuanto más nos íbamos aproximando a la población, más claramente llegaba a mis oídos el sordo sonido de los martillazos. 4) ¿Te pagan semanal o mensualmente? 5) Cobro al final del mes. 6) Tartamudeó a media voz pero pudimos entender poco más o menos lo que decía. 7) Puedes confiar plenamente en él. 8) Se compromete celosamente por la realización de esta idea. 9) Este slogan publicitario va a atraer irresistiblemente a los clientes.

Schlüssel: III.B.

10) En el libro se analiza minuciosamente el estilo del escritor gallego. 11) Cataluña, culturalmente oprimida, oprimió, por su parte, durante muchos años económica y socialmente al sur de España. 12) El director despidió sin más al gerente, después de que éste hubo abusado mezquinamente de su confianza durante años. 13) Las manifestaciones de descontento en los años 1957-58 se reprimieron duramente. 14) Se abrazan fraternalmente personas del Este y del Oeste.

B. Prädikatives Adjektiv/modales Adverb

I.

1) solas 2) solamente/sólo 3) lentamente 4) atentos/atentamente 5) fácilmente 6) solos; gustosos/gustosamente 7) contentos 8) lentamente 9) enfadada 10) suave, tranquila y serenamente 11) irritada 12) solemnemente 13) atolondradamente 14) excitadas; enormemente

II.

1) detalladamente 2) claras 3) largas 4) ansiosos/ansiosamente 5) precipitadamente; encantados 6) alegres/alegremente; cansados 7) minuciosamente 8) ciegos/ciegamente 9) ofendida 10) lentamente 11) cómodamente 12) francamente 13) intensamente; desastrosamente 14) horriblemente 15) apresuradamente 16) enormemente 17) felices 18) directamente

III.

1) Un cliente de España estaba inesperadamente en la puerta. 2) El compañero de al lado se levanta de repente, y a mí, sobresaltado/-a, se me cae el bolígrafo. 3) Los viajeros esperan impacientes en el andén. 4) ¡Habla claro/claramente, no te entiendo! 5) Carmen volvió a casa completamente desolada. 6) Las amigas nos miraban perplejas e indecisas. 7) Manolo castiga a su perro injustamente, y éste baja triste la cabeza. 8) Lo ha hecho conscientemente. 9) Los niños sollozan desgarradoramente. 10) Mira distraída hacia el valle. 11) Ya verás, la cosa va a ir ahora rápida/rápidamente. 12) Nuestro nuevo colega trabaja muy concienzudamente. 13) Estaba sentada a la mesa pensativa y comía calladamente. 14) El agua del riachuelo corre clara. 15) Los bienes contribuyen directa o indirectamente a la satisfacción de las necesidades. 16) En este asunto es preciso que procedas sensatamente. 17) Los presentes escuchaban atentos/atentamente las palabras del orador. 18) Dime lisa y llanamente qué puedo hacer por ti. 19) Antonio y Pepe estaban tumbados perezosamente al sol hasta que un ruido ensordecedor les despertó violentamente.

20) Después de leer atónita la carta de despido, estuvo a punto de cantarle las cuarenta al jefe de personal.

C. Adverbiale Zeitangaben

I.

a)

1) Ocurrió un hermoso día de otoño. 2) Lo recuerdo perfectamente: fue el 14 de noviembre de 1971. 3) En la noche del 13 de julio había hecho las maletas y había preparado todo para poder salir muy de madrugada. 4) En la fiesta de la liberación de la ciudad, todas las calles estaban adornadas con banderas. 5) En el aniversario de su muerte se celebró una misa en la pequeña capilla. 6) Allí nos detuvimos varias horas, pues –como llegamos a saber más tarde- se había recibido una llamada anónima por la tarde, según la cual se encontraba en el tren un criminal perseguido, que intentaba huir al extranjero.

b)

1) En los últimos días de abril hay que contar con más lluvias. 2) Llama a Paco, te lo arreglará en un abrir y cerrar de ojos. 3) Estos nuevos hallazgos informan de cómo vivían los hombres de esta región en los albores de la Antigüedad. 4) En aquellos tiempos, los hombres vivían más tranquilos y contentos que hoy. 5) El año pasado, incluso en el mes de octubre, podíamos quedarnos en el balcón en mangas de camisa bastante tiempo después de la puesta del sol. 6) Figúrate: ¡dentro de quince días ya es otra vez Navidad! 7) Fue en una noche fría de invierno del año 1983 cuando el coche, al amanecer, de repente dio un patinazo sobre el hielo y chocó con toda su fuerza contra un árbol. 8) En aquella noche, cuatro jóvenes perdieron su vida.

II.

1) a; de 2) a 3) /; por 4) a; en; de 5) por; por 6) /; de; de 7) /; para 8) de

IV. DAS PRONOMEN

A. ÜBERSETZUNGEN DES DEUTSCHEN „MAN"

1) Antes de convencer a otros, uno tendría que convencerse a sí mismo primero. 2) Deseamos a veces cosas que nos causan más daño que provecho. 3) A menudo, uno mismo no cree lo que asegura a los demás. 4) No se promete lo que no se puede cumplir. 5) Ignoramos a menudo lo que más falta nos hace. 6) Uno no está feliz si no progresa. 7) Uno se engaña con frequencia. 8) Uno no es siempre dueño de la situación. 9) No hagas a otros lo que no quieras que te hagan a ti. 10) Esto ya se sabe. 11) Para saber un camino lo mejor es que preguntes a un policía. 12) Viajando, uno aprende mucho. 13) A la larga uno va acostumbrándose a todo. 14) Pasa el día sin que uno lo note. 15) Y luego uno se extraña de que pase algo. 16) Dicen que allí hace mucho calor. 17) Os han dicho la verdad. 18) En esta tienda puedes comprar las cosas más fabulosas. 19) Esto se oye todos los días. 20) Se dice que el ministro llegará mañana. 21) Ya se le avisará. 22) Se quejan de él. 23) Se dice que resultó herido un gran número de soldados en la batalla. 24) En esta ciudad ya le conocen. 25) No le gusta que le adulen. 26) ¡Me han robado! 27) Eso no se hace. 28) Desde aquí se puede ver la ciudad. 29) En nuestro barrio dicen que van a subir los precios. 30) Estas flores no las encuentras en España. 31) ¿Cómo se escribe esta palabra? 32) ¿Qué hay que hacer cuando uno se ha quemado? 33) Tómese una libra de harina... 34) ¡Uno no puede estar en todas partes, hombre! 35) Distinguimos en español dos tipos de pronombres personales: los tónicos y los átonos. 36) ¡En esta clase, uno no puede parar siquiera un segundo! 37) Aquí uno no se aburre nada. 38) Al texto se le agregó una traducción. 39) Se dice que el peligro crea un vínculo de solidaridad.

B. DAS DEMONSTRATIVPRONOMEN

I.

1) Este cuadro es el más bonito que jamás he visto. 2) Ese hombre de quien me hablaste ayer ha sido detenido. 3) ¡Esto no es verdad! 4) Este jersey es más bonito que aquél. 5) ¡Piensa bien si te compras este coche o aquél! 6) Tuve que empujar su coche hasta la gasolinera. ¡Eso fue el colmo! 7) Ese árbol que está delante de tu casa es un aliso, ¿verdad? 8) Ayer se subastó un reloj de pared inglés. Ese fue el más caro de todos, con mucha diferencia. 9) Aquellos chicos, al otro lado de la calle, son los hijos del alcalde. 10) Le puso la zancadilla. Eso fue una gamberrada. 11) Allí,

al otro lado, hay un bungaló grande. En la puerta de esa casa hay un letrero que dice „Se alquila". 12) Eso fue lo más prudente que podía hacer. 13) ¿Cómo se llama ese café donde estuvimos ayer? 14) Esa fue la mejor comida que jamás me han servido. 15) Dijo que lo había hecho él mismo. Eso es mentira. 16) Esta es una de las calles más largas de Francfort. 17) Aquel coche que está en la cuneta es mío. 18) Ella sacó ayer el carnet de conducir. ¡Esto es un milagro! 19) Ese fue el día más feliz de su vida. 20) ¿Dónde está aquella ciudad de que me hablaste? 21) El señor García tiene dos hijos. Jorge vive en Barcelona, Carlos en Alicante. Aquél es veterinario, éste cirujano. 22) Este es mi reloj, no el tuyo. 23) ¡Esto es una falta de todo!

II.

1) Este 2) Esta 3) aquello/esto; esto/aquello 4) ese 5) aquellos 6) ése; aquél 7) Este; aquél 8) Estos; aquéllos 9) aquel 10) Esto

C. VERWENDUNG DES ARTIKELS BEI INDEFINITPRONOMINA

1) Con medio equipo es imposible vencer a otro. 2) Medio kilómetro más, y ya hemos llegado. 3) Otro seguro que lo puede hacer más de prisa. 4) Todo hombre tiene derecho a una vida digna de un ser humano. 5) Nos hemos hecho cargo nosotros de todo el trabajo; cada uno de nosotros echó una mano. Nos lo agradeció con toda el alma. 6) Cualquier día es bueno para presentarte a él. 7) Ayer llamó un tal Meier y preguntó por ti. 8) En cierto sentido no deja de tener razón. 9) Al menos has de invertir una cierta cantidad de dinero. 10) Esta es la cita de cierto político. 11) Ese trabajo tiene que estar acabado en un cierto plazo. 12) Toda la ciudad está preparándose para la visita del político, cada uno a su manera. 13) Un tal Müller llamó por teléfono y preguntó si debía girar toda la cantidad. 14) ¿No tienes otro diccionario? Aquí no están todas las palabras que busco. 15) Hay ciertas cosas que no se pueden cambiar. 16) Va a los Estados Unidos para todo un año. 17) Cierto político ha conseguido que todos los artículos de exportación suban de precio. 18) Cada socio acudió a la asamblea. 19) Se respira cierto ambiente navideño. 20) Hay ciertas personas que se creen cualquier cuento. 21) El año pasado viajaron por toda España para hacerse otra idea de este país. 22) Falta sólo (un) cierto detalle, y toda la casa está ya terminada. 23) Todo hombre culto tiene que saberlo. 24) Esta obra destaca en cierto sentido de entre las otras de su época. 25) Le he estado escuchando todo el rato con mucha atención; otro no habría sido capaz. 26) Los aprendices están todo el día en la oficina; para poder trabajar mejor han abierto media hora todas las ventanas. 27) Cierto principio reza que ante el ley todos los hombres son iguales. 28) Cierto señor, cuyo nombre no quisiera mencionar, ha perdido toda su fortuna en media hora jugando al poker. 29) Dame otra taza, por favor; ésta sólo tiene media asa.

D. Stellung der unbetonten Personalpronomina

I.

1) Se los regalan. 2) Se lo lleva. 3) Me les/los presentó./Me presentó a ellos. 4) Nos lo reconoce. 5) Se las alquilan. 6) Se la escribe. 7) Te lo recomendó. 8) Te le/lo recomendó./Te recomendó a él. 9) Se la dimos. 10) Me lo compró.

II.

1) ¡Que te me portes bien. No hagas tonterías! 2) Te nos antepone siempre en todo. 3) Me antepone siempre a ti en todo. 4) Todavía no te me ha presentado. 5) ¿Te acuerdas? Pobre, aquel día te nos caíste de la escalera y empezaste a llorar como una Magdalena. 6) Siempre te nos pone como ejemplo. 7) Contigo no puedo ir a ninguna fiesta. Te me duermes apenas dan las diez de la noche. 8) Nuestro jefe os nos ha recomendado vivamente.

V. DIE PRÄPOSITION

A. DIE PRÄPOSITIONEN „POR“/„PARA“, B. WENDUNGEN MIT „POR“ UND „PARA“

I.

1) Esta carta es para ti. 2) Para noviembre se anuncia mucha lluvia. 3) Por ti me quedé ayer en casa. 4) Estudia toda la gramática para aprobar los exámenes. 5) El año pasado viajaron por toda España. 6) Está para llegar. 7) La cena está por hacer. 8) Esta casa está por alquilar. 9) Esta casa es sólo para alquilar, no para vender. 10) El domingo saldremos para Munich. 11) Entonces pasaremos por Wurtzburgo. 12) Anda, tómate esto, es bueno para la tos. 13) Necesito por lo menos dos horas para traducir esto. 14) Trabaja duro para poder comprarse la moto. 15) Puede comprarlo por mil marcos. 16) Voy al extranjero por/para tres años. 17) Van a Hamburgo para quince días. 18) La Iglesia tenía abierta una suscripción en la parroquia para socorrer a los pobres. 19) El alcalde había entregado 200 marcos para este fin. 20) Juan no sentía nada por Manolita. 21) Esto lo deberías alegar para tu defensa. 22) Por nada del mundo saldría ahora, porque tengo un miedo enorme a las tormentas. 23) Trabajamos para vivir, pero no vivimos para trabajar.

II.

1) por 2) para 3) por 4) Para 5) por 6) para; (a) por 7) por; para; por 8) por; para 9) Por; por 10) Para; por 11) por; para 12) Para; por 13) Por; por 14) por 15) por; para 16) Para; por 17) para; por 18) Por; por; para 19) por; por 20) Para; por; por; para 21) para; para 22) para/por; para 23) para; para/por; por 24) por 25) para 26) por; para 27) Por; por; por 28) por; para 29) por; para 30) para; por 31) para; por 32) por; por 33) Por; por 34) por; por; por; para 35) para 36) por

C. DIE PRÄPOSITION „BEI“ UND IHRE SPANISCHEN ENTSPRECHUNGEN

I.

1) de; Sie faßte ihr Kind bei der Hand und überquerte die Straße. 2) a; Hast du mal gerade das Deutsch-Spanisch-Wörterbuch zur Hand? 3) En caso de; Bei Bedarf bestellen wir noch Exemplare nach. 4) entre; Schon bei den alten Römern erfreuten sich diese Komödien größter Beliebtheit. 5) por; Wir nennen ihn beim Vornamen. 6) en/entre; Das ist oft so bei Kindern. 7) con; Er schläft selbst im kältesten Winter bei offenem Fenster. 8) Dentro de; Bei allem Unglück haben sie noch Glück gehabt,

daß der Mann seine Stelle nicht verlor. 9) a; Kann ich mir diesen Stoff mal bei Tageslicht ansehen? 10) Con; Bei diesem Licht kann man ja gar nichts sehen. 11) En; Bei Tisch sprechen sie immer über die aktuellen Themen. 12) en; Viele Menschen kamen bei der Belagerung von Zaragoza ums Leben. 13) en; Diesen Satz findet man bei Gracián. 14) en; Er ist Botschafter beim Vatikan. 15) en; Einige Studenten helfen bei der Inventur, um sich ein paar Mark zu verdienen.

II.

1) Quedamos en lo convenido: mañana por la tarde nos reuniremos en tu casa. 2) ¡No me lo agradezcas a mí! 3) Podemos hablar mejor del asunto con (tomando) un vaso de vino. 4) No dejes de ver una vez Berlín de noche. 5) Salieron ya al amanecer y no volvieron hasta caída la noche. 6) Ha crecido en casa de sus abuelos. 7) Les encontramos a todos de buen humor. 8) Di con esto al limpiar el sótano. 9) Leemos en Goethe: ... 10) Cerca de Basilea, el Rin se vuelve hacia el norte. 11) Una vez más no llevaba las llaves consigo; al intentar entrar en su habitación por el balcón se cayó de la escalera y se rompió el brazo izquierdo. 12) Puede hablar con el herido, ha recobrado el conocimiento. 13) Mirándolo más detenidamente se da uno cuenta de que se trata de dos piezas diferentes. 14) Con la batalla de Guadalete se inició en el año 711 la invasión musulmana. 15) A pesar de/Con todas sus precauciones no pudo impedir que le robaran la cartera. 16) Al aumentar en 76.008 el número de desempleados, la cifra de hombres y mujeres sin trabajo se elevaba a finales de mes a 1.949.680. 17) En sus declaraciones, el ministro no abordó ese asunto. 18) Se subastó el lunes un Rolls Royce dorado del año 1912 en la casa de Sotheby's en Londres. 19) A varias agencias de noticias llegó ayer una carta de autoimputación, en la cual un comando de la Mafia de estupefacientes se responsabilizaba del atentado. 20) Los camioneros que transportan mercancías peligrosas tienen que asistir a un curso en el que serán informados sobre peligros y medidas de urgencia en caso de accidente.

III.

a)

1) ¡No nos apartemos de nuestro tema! 2) Para decir la verdad, ... 3) Me encuentro en apuros económicos. 4) Está fuera de sí. 5) Hay que llamar al pan, pan y al vino, vino.

b)

1) Ich bin bei dem Wunsch geblieben. 2) Alles bleibt beim alten. 3) Man muß die Gelegenheit beim Schopfe packen. 4) Ich nehme dich beim Wort.

D. Präposition und Rektion von Verb und Nomen

I.

a)

1) De 2) sobre 3) a 4) por 5) de 6) con 7) en 8) (con)

b)

1) al 2) con 3) contra/para 4) en 5) al/para 6) por 7) de 8) a; con

c)

1) de 2) a 3) con 4) del 5) en 6) con 7) con; al

II.

1) para; Ich suche ein Buch, das für ein Kind von zehn Jahren geeignet ist. 2) por; Er zeigte ein außergewöhnliches Interesse für dieses Thema. 3) en; Marina schien in Stierkampffragen nicht besonders bewandert zu sein. 4) hacia/a; Die Frau ging auf das Haus zu. 5) al; Zu Hause hatten sie noch keine Ahnung von dem Vorfall. 6) a; Sie sind es gewohnt, früh aufzustehen. 7) en; Sie verläßt sich vollends auf ihr Glück. 8) del; Der Arzt hat ihm geraten, sich möglichst vom Alkohol fernzuhalten. 9) de, del; Aus lauter Freude über das Wiedersehen nach so vielen Jahren haben sie ganz den Braten im Ofen vergessen. 10) de; Der Angeklagte hat einen Anspruch auf rechtliches Gehör. 11) de; Sie hatte Mitleid mit ihm, obwohl er es gar nicht verdiente.

III.

1) por; Warum regst du dich nur über jede Kleinigkeit auf? – con; Ich gehe Paco heute nicht besuchen, ich habe mich über ihn geärgert.
2) por; Maria tauscht den Ring gegen eine Kette ein. – de; Wartet einen Moment! Ich wechsele nur das Hemd.
3) para/a; Diese Lösung ist für alle angenehm. – de; Das ist angenehm zu hören.
4) en; Ich habe vollstes Vertrauen zu Ihnen. – con; Ich kenne ihn zwar, aber nur flüchtig (ich stehe nicht auf vertrautem Fuß mit ihm).
5) a; Als mich der Prüfer fragte, brachte ich kein Wort heraus. – con; Er fand den Platz nicht, auf dem das Denkmal stand. – en; Dieser Junge ist ein Sonntagskind, er hat in allem eine glückliche Hand.
6) en; Juan vereinbart mit Rosario, daß er sie um 19 Uhr abholen kommt. – /; Es empfiehlt sich, frühzeitig einen Platz zu reservieren. – en; Dem werde ich niemals zustimmen.
7) /; Ich nehme dich beim Wort. – por/de, en; Die Mutter zog ihr Kind an den Ohren, weil sie es beim Lügen erwischt hatte.
8) a; Er wird in sein Verderben rennen. – /; Wissen Sie, daß Sie ein großes Risiko

eingehen? - de; Das ist meine Sache. - con; Carmen nahm alles auf sich/kam für alles auf.
9) de; Ich falle um vor Müdigkeit. - por; Das Dorf, in dem wir letztes Jahr waren, liegt in der Gegend von Alicante. - en; Ich komme nicht auf den Namen. - sobre; Die Mauren fielen über das Land her.
10) con; Gestern stieß ich ganz zufällig auf einen interessanten Artikel über das Thema. - al; Der Balkon seiner Wohnung geht direkt aufs Meer hinaus. - en; Du hast den Nagel auf den Kopf getroffen./Du hast genau den Kern der Sache getroffen. - contra; Pere stieß heftig mit dem Kopf gegen den Schrank. - por; Hiermit erkläre ich die Sitzung für beendet.

IV.

1) Nos hemos alegrado mucho de tu carta. 2) No podré ir, estoy agobiado de trabajo. 3) Toman el avión a España para participar en los cursos de verano de El Escorial. 4) En Basilea tenemos que cambiar de tren. 5) El pueblo está dispuesto a luchar por su libertad. 6) Los náufragos se agarran a trozos flotantes del barco. 7) Eso no es nada en comparación con lo que me pasó ayer a mí. 8) Tu comportamiento con él deja mucho que desear. 9) Muestra una gran afición a/por los manjares finos. 10) El abogado pone en duda la concordancia de la copia con el original. 11) Adolece de una enfermedad incurable. 12) Siente una profunda aversión hacia las medicinas. 13) Todos estamos afectados por la muerte de este gran hombre. 14) El nuevo gerente es amable (para) con todos. 15) El tesorero ha cesado en su cargo. 16) Nos sorprendemos de esta decisión. 17) Hay muchos aspirantes a este cargo. 18) Ponemos toda nuestra confianza en ti. 19) En los libros de caballerías, el caballero se muere de amor por su dama. 20) Quien en Munich habita, casi todos los problemas evita.

VI. PARTIKELN

I.

1) ¡Primero dice que me lo regala, y luego exige que se lo devuelva! 2) ¡Pues ahora sí que me lo quedo! 3) No llegamos a comprenderlo hasta que él nos lo explicó./Sólo cuando él nos lo explicó llegamos a comprenderlo. 4) Es un dormilón: No se levanta nunca antes de las diez. 5) El escritor exilado no regresó a España hasta octubre de 1979. 6) Sólo al examinarlo muy detenidamente se da uno cuenta de que se trata de una imitación. 7) No va a creerlo hasta haberlo visto con sus propios ojos. 8) No van a traer el armario antes de/hasta fin de mes. 9) Eso es precisamente lo que complica todo. 10) No nos lo puede decir con más detalle antes del/hasta el fin de semana. 11) ¡Pero primero cálmate, hombre! 12) Si a ti te cuesta trabajo, ¡figúrate a nosotros! 13) Precisamente hace muy poco le encontramos por la calle. 14) No hace más de tres meses que está en Alemania. 15) Max Aub no se reunió con su familia hasta cuatro años después de su llegada a México. 16) Hasta que no te haya ganado no me daré por satisfecho. 17) Ya lleva ganados dos importantes torneos, ¡y eso que no tiene más que 17 años! 18) ¡Pero si me lo has contado ayer mismo!

II.

1) Los tiempos no cambian así como así. 2) Una cosa sí que está clara: aquí no me quedo ni un día más. 3) Lo dije por decir algo. 4) Ella tenía una especie de presentimiento de que algo saldría mal. 5) Aunque me cuesta muchísimo, trataré de hacerlo. 6) Si hice eso, sólo fue por ayudarte. 7) La reunión no se desarrolló como pensábamos. 8) No es que no tengan ganas; es que ya tienen previsto hacer otra cosa. 9) Con él nunca sabe uno a qué atenerse: tan pronto dice una cosa como otra. 10) Lo dice de una forma que parece verdad. 11) ¿Y tú te crees un disparate como ése? 12) No he comprendido prácticamente nada. 13) ¿Cuánto tiempo tenemos aún que esperar? – Unos cinco minutos. 14) En caso de que no puedas asistir, avísanos. 15) ¿Por qué no quieres? Los demás hacen otro tanto/lo mismo. 16) Lo hizo así... por las buenas. 17) No son tan tontos que se crean eso. 18) Eso se dice fácilmente. 19) La literatura de la Alta Edad Media tenía un carácter predominantemente oral; de ahí que se hayan conservado/así es que se han conservado sólo pocas obras. 20) Eso se sabe porque sí. 21) No te preocupes. Si de todas formas no va a poder venir.

III.

1) Wie du mir, *so* ich dir. 2) Er ist eben *erst* angekommen. 3) *So* kannst du bei diesem Wetter unmöglich 'rausgehen. Zieh dich *erst* mal wärmer an! 4) *Erst* im Hotel merkten sie, daß sie den Koffer verwechselt hatten. 5) Das darf man nicht *so* genau

nehmen. 6) Er ist *erst* zehn Monate alt und läuft schon *so* gut? 7) Wir kennen ihn *erst* seit zwei Tagen. 8) Der Kongreß ist *erst* am 10. August; bis dahin ist noch *so* viel Zeit. 9) *So* zog *so* manches Jahr ins Land. 10) Wenn ihm dieses Bild schon *so* gut gefällt, was wird er dann *erst* beim nächsten sagen? 11) Ich hätte gar nicht gedacht, daß ich schon *so* fließend Spanisch sprechen kann, wo ich es doch *erst* ein Semester studiere! 12) Denk doch *erst* einmal nach, bevor du *so* einen Unsinn sagst! 13) *Erst* wenn auch der letzte das verstanden hat, gebe ich mich zufrieden. 14) Laß es nicht *erst so* weit kommen. 15) Der Vertrag ist *so* gut wie unterschrieben. 16) Heute ist mein Pechtag: *erst* lasse ich die volle Einkaufstasche stehen, und dann stiehlt mir auch noch *so* ein unverschämter Kerl mein Portemonnaie!

VII. DIE NEGATION

I.

descansado, falta de conciencia, sin fin, infinito, no/disconformidad, descontento, inorgánico, sin medida, malaventura, a-/inmoral, ilegal, irreal, improbable, disculpa, desenterrar, no beligerancia, falta de tacto, anormal, maltratar, sinnúmero

II.

1) algo 2) nada 3) nada 4) algo 5) alguien – algo 6) algunos 7) ningún 8) no 9) nadie 10) algo 11) alguna/ninguna 12) alguien 13) alguno/ninguno 14) nada 15) No 16) nadie

III.

1) Nada de lo que dijo era mentira. 2) En el taller no vi a ningún obrero. 3) Nunca/Jamás hace nada (!) bueno. 4) Nadie/Ninguno está de acuerdo. 5) El sargento no concedió ningún descanso a los soldados. 6) Nunca nos prepara nada (!) rico. 7) Nadie la ha visto en ninguna (!) parte. 8) No va a estudiar nada que valga la pena. 9) Ya no está en casa. 10) No ha salido todavía. 11) Ni siquiera nos llamó por teléfono. 12) En este campeonato no ganarán ni los alemanes ni los franceses. 13) No hemos invitado a ningún amigo ni vecino.

IV.

1) No debo preguntarte nada. 2) ¡Ojalá no venga nadie! 3) No le han traído ninguna cosa útil. 4) En Sevilla no conocí a nadie que fuera también de Alemania. 5) Se comió todo, no nos dejó nada. 6) Este abrigo no es (ni) bueno ni cómodo. 7) El chico no ha escrito siquiera/ni una postal. 8) Los invitados no están sentados a la mesa todavía. 9) El conferenciante ya no habla. 10) Creo que no se quedó nadie./No creo que se quedara nadie.

V.

a)

1) Cuatro gobiernos su(b)scribieron el pacto de no intervención. 2) El precio no me parece nada inadecuado. 3) Este criminal es una persona sin escrúpulos. 4) Ya lleva tres noches sin dormir. 5) Luchan contra el no reconocimiento de los derechos humanos en su país. 6) El resultado no me parece nada extraordinario. 7) En la

mesa había un diccionario, no, un diccionario no; era una gramática. 8) ¿Que si me pegaron? No. Pegarme no me pegaron, pero me amenazaron con hacerlo. 9) No dice ni pío. 10) Seguro que no lo hará. 11) ¿Te aconsejó bien el vendedor? – No muy bien. 12) Pasó la pelota por delante de la defensa como el que no quiere la cosa. 13) Nada menos que el Ministro de Transportes ha abierto esta carretera de enlace. 14) Después de esperar toda una hora me marché sin que hubiera venido nadie. 15) Ni Carlos ni nadie sabía la respuesta. 16) No se te ocurra ir a ninguna parte sin ponerte el abrigo. 17) A Juliana le gusta este vestido más que nada. 18) Aunque todos sois expertos en matemáticas, dudo que sepa resolver el problema nadie. 19) Hospedamos a dos alumnos de intercambio. Ninguno de los dos sabe una sola palabra de alemán.

b)

1) Nicht beide gingen (= einer blieb). 2) Das versteht doch keiner! 3) Es würde mich nicht wundern, wenn keiner das wüßte. 4) Noch nie in seinem Leben hat er sich um das Wohl der anderen gekümmert. 5) Es ist unmöglich, daß jemand es schafft. 6) Rudolf ist noch nicht hier. Rudolf ist nicht mehr hier. 7) Ich denke nicht daran, auch noch zu bleiben. 8) Vielleicht weiß er es nicht. Er kann es nicht wissen. 9) Er hat sich nicht die geringste Mühe gegeben. Seine Bemühungen waren umsonst. 10) Elvira zieht den Fön heraus. Elvira steckt den Fön nicht ein. 11) Nicht nur wegen der Lage gefällt mir das Haus. Nur wegen der Lage gefällt mir das Haus nicht. 12) Er fragte mich, ob ich je etwas Derartiges gesehen hätte. Er fragte mich niemals, ob ich etwas Derartiges gesehen hätte. 13) Wenige glauben, daß jemand für den vorgeschlagenen Kandidaten stimmen wird. Viele glauben, daß jemand für den vorgeschlagenen Kandidaten stimmen wird.

VI.

1) Keine Widerrede!/Kein Wenn und kein Aber! Wir fahren heute noch ab. 2) Das ist nichts Halbes und nichts Ganzes. 3) Er ist ein Sadist: er schlägt die Tiere ohne Grund. 4) Er gab ihm ohne Bedenken/ohne Weiteres seine Schlüssel. 5) Das gibt's nur einmal. 6) Um ein Haar wäre es schiefgegangen. 7) Nachdem ich ihm das Geld gegeben hatte, machte er sich sang- und klanglos aus dem Staub. 8) Die Kinder saßen da, ohne einen Mucks von sich zu geben. 9) Es ist nicht gerade einfach. 10) Er trank das ganze Bier, als wäre es nichts.

VIII. DAS VERB

A. DIE PASSIVBILDUNG

1) El profesor saluda a los alumnos nuevos. 2) El niño desaparecido fue buscado todo el día por la policía. 3) Mi abuela me llama a mí, porque no quiere que otra persona la lleve al centro. 4) Toda la ciudad está en obras, pues se está arreglando la plaza del mercado y se está haciendo una desviación. 5) El asesino que tuvo en vilo a todo el país ha sido capturado por fin. 6) Estas figuras, que han sido construidas por reclusos, se venden en el bazar para una buena obra. 7) Se enviaron los objetos recogidos a países subdesarrollados, donde se distribuyen entre los más pobres. 8) El año pasado se exportó al Oriente Medio una gran cantidad de armas, con las que a continuación se devastaron comarcas enteras. 9) Después de firmarse el contrato se llevaron a cabo las primeras transacciones. 10) Se han de presentar por escrito las solicitudes lo más tarde una semana antes de la reunión. 11) El 17 de abril de 1951 se firmó solemnemente en París el tratado sobre la creación de la Comunidad Europea del Carbón y el Acero (CECA). 12) Este rey fue amado por sus súbditos e incluso estimado por sus adversarios. 13) Todos los años se celebra en la parroquia una fiesta en honor del patrón. 14) El banco en que quería sentarse estaba recién pintado. 15) Ya está firmado el contrato. Podemos hacer el pedido.

B. SUBJUNTIVO IN GRAMMATISCH SELBSTÄNDIGEN SÄTZEN

I.

1) tenía 2) cuente 3) se arruine 4) vuelva 5) creas 6) mande 7) vaya 8) salga 9) te vayas 10) me entere 11) dice; miente 12) os apoquéis 13) bendiga 14) llueve 15) tengamos 16) Llueva; llueva 17) tengáis 18) pagan; dejamos 19) te ufanes; recuerdes 20) abras; sea; sea 21) llamaré; escribiré 22) hayan llamado 23) hubiera venido 24) se vista; se vista 25) sea 26) haga; haga 27) paga; presento 28) Váyase 29) pudiera

II.

1) Quién sabe, quizá nos equivoquemos con él. 2) ¡Que no se repita eso! 3) ¡Pues que lo haga! 4) Salga lo que salga, siempre habrá quienes no estén contentos. 5) ¡No le crea Vd. todo lo que dice! 6) Lo crea o no (lo crea), la verdad es que sucedió exactamente así. 7) ¡Que me quede mudo si no es cierto! 8) Así sea. 9) ¡Que Dios me ayude! 10) ¡Ojalá pudieran sonsacarle el secreto! 11) Tendré que aceptarlo, me guste o no (me guste). 12) ¡Quién/Si hubiera vuelto antes! 13) No sé si sigue viviendo

allí, pero a lo mejor le llega la carta. 14) Tal vez acabe hoy por firmar el contrato. 15) ¡Vaya Vd. a saberlo! 16) Acaso sea ésta la mejor solución. 17) ¡Ojalá tuvieras razón! 18) ¡Quién supiera cantar como Caruso! 19) ¡Que te diviertas, Sancho! 20) ¡Viva la libertad! 21) ¡Quién supiera tanto como él! 22) No me hagas esperar tanto tiempo. 23) Tal vez fuera cierta la noticia. 24) El jefe ordenó a la secretaria que no dejara entrar a nadie, fuera quien fuera. 25) ¡Que no tenga que decírtelo dos veces! 26) Haga frío o (haga) calor, este termómetro siempre marca 15 grados. 27) (Que) en paz descanse.

C. Indefinido und Imperfecto

I.

En nuestra clase de español quisimos aprender un día los tiempos del pasado, lo que no era una tarea tan fácil. El profesor dijo que la dificultad consistía en aprender algo nuevo que no tenía correspondencia en la lengua alemana. Pues bien, comenzamos con frases fáciles, pero pronto nos dimos cuenta de que era imposible poner el tiempo correcto español sin un contexto mayor. Y así empezamos a trabajar con textos pequeños. Vimos que había que orientarse según la perspectiva del hablante y no según el significado de cada una de las frases, que a lo más en algunos casos, el contraste entre dos frases puede ser una ayuda, por ejemplo, cuando una acción sirve de trasfondo de otra (que comienza). En este caso, Manolo era, como siempre, el protagonista de los ejemplos:
„Manolo estaba pescando divertido, cuando descubrió en la otra orilla a un terrorista."
Qué bien, si todas las frases fueran tan claras como ésta, pensábamos, pues en la mayoría de los casos se trataba de distinguir entre la perspectiva de la narración (pretérito indefinido) y la perspectiva de la descripción (pretérito imperfecto). ¿Pero qué es para estos malditos españoles narración o descripción? Este era el gran interrogante que intentamos solucionar en los textos siguientes.

II.

El origen de los Incas no está aclarado completamente. Quizá eran originariamente una tribu del Aymará y vivían junto al Lago Titicaca. Según la tradición, su antepasado Manco Capac, junto con su hermana y mujer Mama Ocllo, fundaron la ciudad de Cuzco por orden del dios Sol. Los Incas llegaron a ser con el tiempo brillantes organizadores y burócratas. Aseguraron su fuerza militar por medio de una excelente red de carreteras, un admirable servicio de información, así como una logística perfectamente pensada.
Las crónicas de Pompa de Ayala, del Inca Garcilaso de la Vega y de Cieza de León

nos muestran con muchos ejemplos, lo exacta y minuciosamente que se organizó la vida de los hombres, según su edad y sexo. Es conocido de qué forma tan draconica aplicaban las penas que se imponían en caso de infracciones a la voluntad del dominador.

Esta justicia tenía claramente un carácter de clase: no era lo mismo si un noble o un hombre corriente del pueblo cometía un delito. Medios importantes para el ejercicio del poder y para su afianzamiento eran además la deportación obligatoria de los pueblos recién dominados, la introducción del culto al Sol como religión del Estado y la implantación del Quechua como lengua oficial.

III.

Tristán de Bretland pertenecía a los caballeros más nobles de la Mesa Redonda. En recuerdo de que sus padres tuvieron que sufrir muchas penas, le pusieron al niño el nombre de Tristán. El joven fue bien pronto conocido por sus heroicas hazañas. Una vez liberó al país del rey Marke de Cornwal venciendo valientemente al gigante Morolt en duelo, pero fue herido muy gravemente y desde entonces empezó a oler horriblemente, pues la espada del gigante que le había herido estaba untada con un veneno especial.

Aquí hace su aparición Isolde: Con su madre, la reina de Irlanda, curó al enfermo y se enamoró de él. Pero, como ocurre a menudo en las leyendas del Occidente, sus relaciones acabaron convirtiéndose en una tragedia clásica. Isolde tuvo que casarse con el rey Marke. Es decir, se convirtió en reina. Desde ese momento le correspondía una vida más tranquila que la de vagar con el caballero Tristán por los bosques matando dragones...

D. Die Nominalformen des Verbs

1. Infinitiv

I.

1) Lo del infinitivo es fácil de comprender. 2) Se ha propuesto ir al extranjero por medio año. 3) Con esa tormenta hiciste bien en quedarte en casa ayer. 4) El acusado niega persistentemente haber cometido el crimen. 5) Aquí está prohibido fumar. 6) Intentó llamarnos por teléfono porque quería invitarnos. 7) No recuerdo haberle visto jamás. 8) (El) Poder hablar el español perfecta y correctamente es el ideal de todo estudiante de español. 9) ¡Hombre! Mè he olvidado de devolver el libro. 10) Por cierto, esto sí que es digno de leerse. 11) (El) Llamarme por teléfono fue lo mejor que pudiste hacer.

Schlüssel: VIII.D.1./2.

II.

1) Miguel no puede ir con ellos por haberse roto la pierna. 2) Al enterarse del accidente se puso blanca como la cera. 3) Para poder estudiar medicina tienes que tener un promedio de notas más alto. 4) Después de haber estudiado/estudiar tanto puedes permitirte el lujo de descansar un rato. 5) A pesar de haberse pasado toda la noche trabajando no estaba cansado. 6) Voy a trabajar hasta caer rendido. 7) De ser verdad lo que ha contado, ha tenido mucha suerte. 8) ¡Pensad un momento antes de contestar! 9) Lleva todo el día sentada sin decir palabra.

III.

1) ¡Que no se te olvide comprar el pan al volver a casa! 2) ¡Lávate las manos antes de sentarte a la mesa! 3) Jorge anda muy preocupado por no saber cómo pagar sus deudas. 4) Estás leyendo sin entender nada. 5) Iré a la peluquería después de terminar el trabajo. 6) De no haber estudiado tanto, no habría aprobado el examen con una nota tan buena. 7) A pesar de trabajar bien no gana mucho. 8) Siga Vd. esta carretera hasta llegar al semáforo. 9) Tienes que darte prisa para no perder el tranvía.

IV.

1) Ahora estoy dispuesto para/a salir. 2) Me cuesta mucho trabajo traducir este texto. 3) Te voy a enseñar a conducir. 4) No te molestes en recogerme en la estación. 5) Mario no tenía ganas de ir a la escuela por la mañana. 6) El vendedor no tenía motivo alguno para reaccionar desabridamente. 7) Procurarán traernos el armario pasado mañana. 8) Ayer, Juan se decidió a ir al extranjero por medio año. 9) El médico tardará un rato en venir. 10) Afortunadamente, Felipe se encargó de comprar las bebidas. 11) Mis padres han dejado de fumar hace tres semanas. 12) Te invito a ir al cine esta tarde. 13) Julia hizo bien en decidirse a estudiar. 14) Nuestros vecinos nos aconsejaron ir de vacaciones al norte de Alemania. 15) Rodrigo soñó con ir a España.

2. Gerundio

I.

1) Ella subía tarareando una canción. 2) Entrando en la sala, la secretaria nos dijo que hoy no había clase. 3) Yo contemplaba al vecino cavando en el jardín. 4) Se le podía oír dando gritos por toda la casa. 5) La distrajo de sus preocupaciones contándole un cuento divertido. 6) Siempre te veo conduciendo a lo loco por la

ciudad. 7) Mejoró su condición física corriendo todos los días por el bosque. 8) Contemplaba las fotos recordando con gozo los buenos tiempos pasados.

II.

1) Aun doliéndole mucho la pierna, ella fue a casa andando. 2) Estando la calle tan resbaladiza, no me extraña que los coches circulen con tanto cuidado. 3) Habiendo dado la bienvenida a los invitados, el propietario les mostró toda la casa. 4) No haciendo vosotros mejor propuesta, nos quedaremos en casa. 5) Habiéndole esperado nosotros ya dos horas, nos llamó diciendo que no podía venir. 6) Aun siendo la casa bastante grande, no es alto el precio del alquiler. 7) Aun no cobrando mañana el sueldo no veo inconveniente en acompañaros a Baviera. 8) Aun estando totalmente agotado, sigue luchando denodadamente. 9) María, esforzándose por escuchar con mucha atención, acabó por conseguir que todos quisieran hablar con ella. 10) La madre, oyendo que el niño lloriqueaba, entró precipitadamente en el cuarto para ver lo que había pasado.

III.

1) Hoy, paseando, encontramos a nuestros amigos. 2) Leyendo este libro, aprenderás cosas muy interesantes. 3) La madre hace un pastel explicando a la hija lo que debe tener en cuenta para aprender a hacerlo ella también. 4) — 5) Aun diciéndolo tú, no tiene que ser verdad. 6) Habiendo dado el encargado el último martillazo, comenzaron todos a celebrar que se habían cubierto aguas. 7) Mataba el tiempo componiendo versos cursis. 8) Carmen me contó el accidente que tuvo ayer, exagerando un poco. 9) Aun viéndolo con mis propios ojos, no lo creería. 10) Estudiando tu hermano, no se oye en la casa ningún ruido. 11) No habiendo regresado los padres, Pere no podía salir. 12) Negándose los patrones a mejorar las condiciones de trabajo, los obreros comenzaron una huelga. 13) Saliendo temprano de viaje, Juan no bebe vino por las noches. 14) Se puso a cortar la césped olvidándose de que tenía una cita. 15) — 16) Le sorprendió la muerte durmiendo. 17) Habiendo pagado la cuenta, el cliente salió precipitadamente de la tienda. 18) — 19) Aun costando mucho más tiempo el viaje en tren, tienen que aceptarlo para ahorrar dinero. 20) — 21) No pudiendo tu amigo esperar más tiempo, se fue a casa.

3. Partizip

I.

1) Siguieron la película con creciente interés. 2) El viernes a mediodía habrá pescado frito. 3) No quiso salir hasta terminado el trabajo. 4) La mayoría de los colegas, si

bien enviadas las invitaciones con suficiente antelación, no acudió a la fiesta. 5) Una vez terminados los deberes, iré a tu casa. 6) Antes de terminada la cena, el presidente dirigió unas palabras a los asistentes. 7) El alumno, erguida la cabeza, se presentó ante el director. 8) Isabel, vestida completamente de negro, recibió los pésames con entereza. 9) Todos los ausentes tienen que ser informados de la modificación de los estatutos. 10) La miraba, los ojos encendidos de ira. 11) Acabada la Reconquista, hubo una corriente migratoria de Galicia a Andalucía. 12) El padre de Juanita, trasladado al extranjero por su jefe para un mes, volverá mañana. 13) Los modelos sintácticos de la lengua extranjera diferentes de los de la lengua materna se deben aprender con especial cuidado. 14) Terminados los estudios con tanto éxito, no tuvo problemas en encontrar un empleo bien retribuido. 15) Hasta no descubierto este país, no comenzó esta nueva etapa en Europa. 16) Los hoteles y pensiones que están cerca de la estación no siempre gozan de la mejor fama.

II.

1) Hasta firmado ese tratado, fueron necesarias muchas y difíciles negociaciones. 2) La estudiante, convencida de que había estudiado bastante, se presentó al examen. 3) En la excursión descubrimos la entrada de una cueva obstruida por una cortina de ramajes. 4) Fernando, acabados los cursos de Filosofía, comenzó los de Pedagogía. 5) Apoyada la cara en la palma de la mano, escuchó las fogosas palabras del orador con gran atención. 6) En la reunión celebrada el pasado jueves se discutió detenidamente la situación financiera. 7) Hasta llegado el momento propicio, supimos esperar con paciencia. 8) La casa, vista desde cierta distancia, parece una casita de muñecas. 9) Aun antes de terminados los estudios, emigró a Australia a la buena de Dios. 10) El vendedor de la tienda que está a la vuelta de la esquina, ocupado en colocar algunos artículos nuevos en el estante, no se dio cuenta de que el comprador se metía algunas cosas en el bolsillo. 11) Examinada cuidadosamente la paciente, el médico le dijo que se abstuviera del tabaco. 12) Bienes mal adquiridos a nadie han enriquecido. 13) —— 14) Terminadas las obras, hubo por fin tranquilidad en la casa.

4. Gemischte Übungen zu den Nominalformen

I.

1) Mañana se ha tomado un día libre para poder ir al médico. 2) Ayer vi a tu amigo pasear/paseando por las calles. 3) Cruzó la calle sin mirar a la derecha ni a la izquierda. 4) Después de acabar/Acabada la parte oficial, pasaron a celebrar la fiesta. 5) Aquel hombre, preguntado por el camino más corto a la estación, no supo qué decir. 6) De venir antes, lo hubieras visto bien claro. 7) Al levantar/Levantando los ojos se vio abandonada de todos. 8) ¡Que nadie me pise la finca antes de encon-

trar/antes de encontrada la bomba! 9) Por confiar/Confiando siempre en su buena estrella, no estudiaba nunca demasiado. 10) A pesar de no saber francés/Aun no sabiendo francés, se manejó muy bien en París. 11) Hasta no arrestar a esta banda de alborotadores no estaremos tranquilos. 12) A pesar de no haber sido hallado/Aun no habiendo sido hallado/Si bien no hallado jamás el cadáver, el piloto fue declarado muerto. 13) Después de difundirse/Habiéndose difundido/Una vez difundida con extraordinaria rapidez la noticia del hallazgo de oro, acudieron en masa de todas las partes del país a la pequeña ciudad.

II.

1) Antes de contestar, ¡pensad bien lo que vais a decir! 2) A pesar de no haber terminado/Aun no habiendo terminado la clase, los estudiantes ya se levantaron. 3) Inés no se tranquilizará hasta ser informada de lo que ha ocurrido. 4) De no hacerlo tú, no lo habría hecho nadie. 5) Nuestros vecinos, enfadados con nosotros, dejaron de hablarnos. 6) — 7) Después de leer/Habiendo leído/(Una vez) leída la carta, se echó a llorar. 8) Este libro, impreso en Berlín, no es muy informativo. 9) Al quitarme/Habiéndome quitado el abrigo, sonó la campanilla. 10) Oigo a mi madre cantar/cantando en la cocina. 11) — 12) Con conducir/Aun conduciendo a lo loco, no llegarás a tiempo. 13) Al haber muerto/Habiendo muerto/Muerta la madrina, Juan tuvo que ir a León para el entierro. 14) Con (A pesar de) tener/Aun teniendo entonces más dinero, no era más feliz. 15) A pesar de estar lloviendo/Aun lloviendo desde hace un mes, no nos dejamos estropear el buen humor. 16) Paco tenía que levantarse temprano el otro día, no pudiendo así quedarse más tiempo en el guateque.

III.

1) Al llegar/Llegando 2) Hasta aprobar 3) A pesar de haber estudiado/Aun habiendo estudiado 4) leyendo 5) (Una vez) caído 6) Después de transcurrir/Habiendo transcurrido/Transcurrido 7) Llegada 8) contándoles 9) A pesar de no tener/Aun no teniendo 10) Después de echar/Habiendo echado/(Una vez) Echado 11) De quedarse/Quedándose 12) acostándose así 13) Al/Por no sentirse/No sintiéndose 14) por tener 15) (Si bien) Transida

E. Gerundivkonstruktionen im Deutschen

1) Esta puerta se puede abrir sólo con una palabra mágica. 2) La mitad de los exámenes, poco más o menos, aún está por corregir/hay que corregirla. 3) Los libros encargados se pueden recoger en la biblioteca. 4) Hay que examinar esta oferta aún. 5) Una de sus características dignas de subrayar de modo especial es la gran capacidad

de trabajo. 6) El perito que debe comisionar el tribunal ha de inspeccionar los dos vehículos en el lugar del accidente. 7) Este hombre es digno de confianza./En este hombre se puede confiar. 8) Todo este montón de ropa aún está por planchar. 9) Había que cumplir sus condicones./Sus condiciones se podían cumplir. 10) Hay que evacuar el territorio dentro de dos días. 11) El cuadro a adquirir en la subasta atrajo a algunos expertos en materia de arte. 12) Esta obra es especialmente digna de mención porque enriqueció la literatura española con un nuevo género. 13) Hasta que podamos instalarnos en la casa, aún queda mucho por hacer. 14) Los formularios para la renovación de la matrícula hay que recogerlos/se pueden recoger en secretaría. 15) Mientras el profesor aún estaba distribuyendo los textos a traducir, los primeros alumnos ya se pusieron a copiar. 16) Hay que llevar a los niños al jardín de infancia a las siete y media. 17) ¡Este trabajito me imagino que lo podrás hacer en una hora! 18) El proyecto no es realizable con nuestros recursos. 19) La indiferencia de algunos hombres a este respecto, que se puede observar constantemente, no hay quien la entienda.

F. VERBALPERIPHRASEN

1. Verbalperiphrasen mit Infinitiv

1) El ladrón, al oír las sirenas de los coches de la policía, echó a correr. 2) La chiquilla acababa de cumplir cuatro años cuando sufrió el horrible accidente. 3) Llegó a decir que todo había sido inventado. 4) Cuando pases por Tréveris, no dejes de visitar las termas. 5) El pequeñajo de al lado ha vuelto a escaparse de casa. 6) ¡Ponte a trabajar en seguida! 7) Siempre se mete a hablar de temas de los que no tiene ni idea. 8) El cambio de clima vino a solucionar en parte sus graves problemas de salud. 9) Quedamos en que ella habría de llamarme (me llamaría).

2. Verbalperiphrasen mit Gerundio

1) Es y seguirá siendo nuestro mayor apoyo. 2) Poco a poco fue revelándose toda la verdad. 3) Estaba oyendo un interesante reportaje en la radio, cuando de pronto hubo un apagón. 4) Nuestros vecinos nunca están en casa, siempre están viajando. 5) ¡Ahora no me vengas diciendo que no sabías nada! 6) Anduvimos dando vueltas por la ciudad. 7) Ya llevaba casi dos horas arreglando ese armario. 8) Después de un gran esfuerzo, el examinando acabó acordándose de la respuesta acertada. 9) Me quedé puliendo esta traducción hasta altas horas de la noche.

3. Verbalperiphrasen mit Partizip

1) Tienes que dar cuerda a tu reloj, va atrasado. 2) ¡Llevamos repetido esto ya cien veces! 3) Este problema me trae muy preocupado ya desde hace algún tiempo. 4)

Se quedó extrañado de esa explosión repentina de ira. 5) Va preparada a este examen para cualquier tipo de pregunta. 6) Ya tenían resuelta la mitad de los problemas. 7) María andaba muy enfurecida después de nuestra disputa. 8) Esta noticia nos dejó hechos polvo.

4. Gemischte Übungen zu den Verbalperiphrasen

I.

1) Cuando entró él, ella siguió hablando por teléfono con su amiga. 2) ¿Cuántas veces he de decirte que los martes nunca estoy en la oficina? 3) Sus argumentos no llegan a convencerla, aunque él lleva una hora tratando de persuadirla. 4) Ella se metió a arreglar el coche, y ahora sólo va marcha atrás. 5) Si quieres tocar perfectamente el piano en el concierto, tienes que ponerte a trabajar hoy mismo. 6) Desde hace tiempo ando buscando piso. Esta tarde me han hablado de uno que viene a costar unos 500 marcos al mes y ahora voy a echarle un vistazo. 7) Ya llevo resuelta la mayor parte de los problemas de matemáticas. 8) Se enfadó tanto de que su experimento no funcionara, que incluso llegó a echar maldiciones. 9) Esa viuda se ha vuelto a casar recientemente. 10) Con sus eternas quijotadas deja desconcertado a todo el mundo. 11) Ella viene estudiando español desde hace algún tiempo y algún día acabará dominándolo. 12) Aunque la velocidad ya está reducida a 50 kilómetros por hora, algunos siguen corriendo como locos por la ciudad.

II.

1) Los alumnos no dejaban de charlar entre sí. 2) ¿Cuántos años llevas estudiando español? 3) Mi televisor sigue estropeado. 4) ¡Te lo tengo explicado mil veces! 5) Nuestro vecino volvió a ser víctima de un estafador. 6) El estado del paciente iba mejorando. 7) Miguel se echó a reír sin motivo alguno. 8) Después de haber aprobado el examen se quedó muy satisfecho de sí mismo. 9) La novela que acaba de salir es ya un bestseller. 10) A Jorge no le gustaba la cerveza, pero un día la probó y acabó por gustarle/gustándole. 11) Venían diciendo que les hiciéramos una visita. 12) Todavía no llego a comprender por qué esto ha de ser así.

G. „SER"/„ESTAR"

1. Verwendungsunterschiede

I.

1) Estos zapatos son de piel de serpiente. 2) ¿De quién son? 3) Estamos en casa de nuestros amigos. 4) Son de México. 5) Sois muy simpáticos. 6) Estás muy tranquilo

tú hoy. 7) Ya es muy tarde, son ya las once de la noche. 8) Estamos a 23 de diciembre. 9) Mañana es Nochebuena. 10) El homenaje es en el salón de actos. 11) ¡Pero si todavía no está el presidente! 12) ¡Anda con ojo! No estoy hoy para bromas. 13) Caso que alguien pregunte por mí, estoy en el sótano. 14) ¿Quién estaba en la puerta? 15) ¿Dónde está aquí la entrada?

II.

1) Estamos 2) es 3) estaba 4) está 5) es; está; está 6) estás; eres 7) Estad 8) Estoy; es 9) estés 10) estuvieron

III.

1) está; es – Amparo ist ledig, aber bald wird sie heiraten. Ihr Bruder dagegen ist eingefleischter Junggeselle.
2) están; son; están – Iß diese Birnen nicht, sie sind ja noch nicht reif! Diese Pampelmusen sind sehr sauer, du mußt sie mit viel Zucker essen; ich habe sie gekauft, weil sie nur zwanzig Peseten das Kilo kosteten.
3) es; estamos – Der Vortrag findet im August statt. Welchen Monat haben wir jetzt?
4) es; está – Madrid ist die Hauptstadt Spaniens. Sie liegt im Zentrum der Halbinsel.
5) es; está; está – Ein Kind hat nicht so viel Kraft wie ein Erwachsener; es ist schwächer. Nach der Operation ist Manolo schwach; ihm geht es noch nicht gut.
6) es; está – Dieses Gewehr ist (=gehört) meinem Bruder; er ist jetzt gerade mit einigen Freunden auf der Jagd.
7) fueron; estaba – Da es viele Besuche waren, die der Arzt gestern machen mußte, war er abends völlig geschafft.
8) es; está – Der Schnee ist weiß und kalt, und er liegt überall.
9) es; está – Das Wasser dieses Baches ist klar, aber im Winter sehr kalt.
10) es; está – Miguel ist Journalist. Sein Bruder arbeitet als Lehrer in Salamanca.
11) es; está – Thomas ist von Geburt her blind. Meine Mutter ist blind vor Wut.
12) fue; estaba – Dieses Motorrad wurde von einem berühmten Ingenieur in Japan hergestellt. Ich wollte es kaufen, aber es war schon verkauft.
13) es; está – Antonio hinkt, denn er hat ein Bein kürzer als das andere. Kurt hinkt, weil er sich einen Fuß verstaucht hat.
14) es; está; está – Fernando ist ein guter Freund. Er ist nicht mehr krank, es geht ihm wieder gut.
15) es; está – Den legst du so schnell nicht herein, er ist sehr klug. Wir können noch nicht gehen, Isabel ist noch nicht fertig.
16) está; están; es – Diese Straße ist sehr eng, weil auf beiden Seiten Autos geparkt sind. Diese alte Gasse ist sehr eng.

17) fue; está – Dieses köstliche Essen von gestern wurde von ihm selbst zubereitet. Das Abendessen von heute muß noch gemacht werden.
18) es; está; están – Das Bad ist sehr dunkel, denn es hat keine Fenster. Das Wohnzimmer ist dunkel, weil die Jalousien heruntergelassen sind.
19) es; Estás – Es ist noch nicht sicher, daß alle bei dem Unfall ums Leben gekommen sind. Bist du sicher, daß du es mir gegeben hast?

2. „está(n)"/„hay"

I.

1) Espero que haya suficiente vino. 2) He comprado tres botellas, pero en la mesa sólo hay dos. ¿Dónde está la tercera? 3) ¿Están en casa Pablo y Andrés? – No, no están. 4) En el centro de la ciudad hay una manifestación. 5) En la plaza del mercado hay mucha gente. 6) Parece como si estuvieran allí todos los habitantes de la ciudad. 7) María está aún en la universidad. 8) La estudiante de Sevilla está en la biblioteca. 9) Un miembro de la UGT llama la atención sobre el hecho de que todavía hay nueve millones de analfabetos en España. 10) En la vía hay dos trenes: el tren de París está en los sectores A – B, el de Madrid en los sectores C – D. 11) No había casi nadie en el andén. 12) El viernes no habrá función. 13) En el famoso Monasterio de El Escorial hay 1.110 ventanas. 14) ¿Puede Vd. decirme dónde está el Instituto Italiano de Cultura? 15) ¿Están los obreros en el taller? – No, allí no hay nadie. 16) En la puerta están los tres empleados que desean hablar con Vd. 17) El pueblo estaba completamente abandonado, no había un alma. 18) Allí había bases militares. 19) En la callejuela no hay más que tres casas; la casa que está a la izquierda es la más bonita, y en el jardín de al lado está el haya más antigua de todo el país. 20) El hospital está en un barrio tranquilo; allí no hay casi tráfico. 21) En este cementerio está la sepultura de Enrique Heine. 22) En aquella ciudad hay restos de un anfiteatro romano; están justo en el centro.

II.

1) están; hay 2) está 3) hay 4) hay 5) está 6) hay 7) está 8) hay 9) estaban 10) hubo 11) estaban 12) hay 13) está

H. Übersetzungsmöglichkeiten der Modal- und Hilfsverben

1. Modalverben

1) Lo siento, pero no puedo ayudarte con la traducción, pues no sé francés. 2) Desde el accidente se ha quedado tan débil que ya no es capaz de levantar siquiera un saco de patatas pequeño. 3) Nos habéis hecho esperar una hora. 4) ¡Déjate de bromas! 5) Por mucho que llueva, iré esta tarde de paseo. 6) Yo quisiera volver a comer

cordero, pero a ti no te gusta. 7) Dijo que le llamara mañana. 8) En caso de que lo haya dicho, ¡que no vuelva a aparecer más por aquí! 9) Puede Vd. estar muy orgulloso de ello. 10) Esto debe de haber pasado ya hace mucho tiempo. 11) Puede decir en conciencia que ya sabe toda la gramática. 12) Deberías dejar de fumar. 13) No me gusta este vino, para mí es demasiado seco. 14) Mi reloj siempre va adelantado, tengo que llevarlo a arreglar. 15) Creo que esto ya no será necesario. 16) Esto es verdad, seguro, puede Vd. creerme. 17) Sobre este asunto se podrían decir algunas cosas más. 18) Se dice que los fundadores de la ciudad de Roma fueron criados por una loba. 19) Desgraciadamente, eso no se pudo evitar. 20) Lo siento mucho, pero no puedo ayudarte, me he roto un (!) brazo. 21) ¡Me las pagarás! 22) No le ha dejado a ella ni un céntimo. 23) ¿Se puede fumar aquí? 24) Esto se podría quizá organizar. 25) Me dijo que viniera. 26) ¿Qué será de mí? – Debes tener un poco de paciencia. 27) Diga lo que diga, será una mentira. 28) No debería haberlo hecho. 29) Mañana no tenemos que ir a la escuela, pero debemos traducir, en cambio, todo este trozo. 30) Podéis iros, si queréis, la puerta está abierta. 31) Debe de haber esperado bastante tiempo. 32) ¡No me hagas esperar continuamente! 33) Por muchos motivos que tenga para ello, eso no se hace. 34) Sobre eso se puede discutir. 35) El paciente dice que no puede esperar más. – Pues que pase. 36) ¿Qué quiere decir esto? ¿Dónde lo habrá oído? 37) ¡No mentirás! 38) Aquí estoy, ¿qué quieres que haga? 39) Debía/Debería/Debiera Vd. haber venido antes, ahora ya no puedo hacer nada por Vd. 40) No puedes hacerme creer esto; no me dejo engañar. 41) ¿Dónde estarán? Me están haciendo esperar ya media hora. 42) Quisiera dar un paseo, pero no tengo tiempo. 43) Es capaz de derrumbar toda una casa con sólo mover un dedo. 44) Vamos a descansar un poco; ya no puedo más.

2. Hilfsverb „werden“

I.

1) se ha puesto 2) se puso 3) se puso 4) se volvió 5) se volvió 6) se pone 7) se ha puesto/vuelto 8) me pongo 9) se han vuelto

II.

1) se ha hecho 2) llegará a ser 3) se ha convertido en 4) se ha hecho 5) llegarás a ser 6) se convirtió en 7) llegó a ser 8) te haces 9) llegó/ha llegado a ser 10) se hicieron 11) se ha hecho

III.

1) Ramón tuvo un accidente y se quedó cojo. 2) Pasó las vacaciones en las islas Canarias y se ha puesto muy moreno. 3) Entonces eran jóvenes todavía pero se han

hecho viejos. 4) Hizo sol toda la mañana pero a mediodía el cielo se puso negro en menos de un minuto. 5) Cuando empezó a trabajar en nuestra oficina, Pere era muy reservado, pero se ha vuelto muy abierto. 6) Inés se quedó asombrada al ver allí a su hijo. 7) Felipe era antes antipático, pero se ha vuelto simpático. 8) Amparo se ha puesto alegre porque ha llamado su novio. 9) El negociante ha hecho un mal negocio y se ha quedado sin dinero. 10) Carmen se casó a los veinte años pero se quedó viuda muy joven. 11) De niño, Valentí era un gallina pero se ha vuelto muy valiente. 12) María se ha puesto pálida porque le hemos transmitido esta mala noticia.

IV.

1) resultar 2) salió 3) te pongas 4) te has vuelto 5) se puso 6) llegarás a 7) se ha convertido en 8) se quedó 9) se volvió/hizo 10) se ha convertido en 11) se quedó 12) se pusieron/quedaron 13) hacerse 14) se ha convertido/se convirtió en 15) resultó/ha resultado

V.

1) ponerse obscuro 2) ponerse triste 3) quedar(se) mudo 4) volverse viejo 5) ponerse negro 6) ponerse pálido 7) ponerse furioso

VI.

1) enrojecer 2) enriquecerse 3) blanquear 4) contentar 5) enfurecerse 6) embellecer 7) ennoblecer(se) 8) engrandecer 9) enfadarse 10) ensordecer 11) engordar 12) cegar(se) 13) anochecer

VII.

1) Dijo, pues, Dios: „Que se haga la luz." Y se hizo la luz. 2) Se le ensanchó el corazón. 3) Empieza a hacer frío. 4) Va siendo hora de marcharse. 5) La comida ha salido buena. 6) Con este calor, la carne se ha puesto mala y la leche se ha agriado. 7) ¡Paciencia, ya se arreglará todo! 8) Mi traje, que estuvo en el tinte, ha quedado muy bien. 9) El tiempo se va poniendo lluvioso. 10) Se está haciendo tarde. ¡Vámonos! 11) ¿Y qué va a ser de nosotros? 12) La situación se va aclarando cada vez más. 13) Esto tiene que cambiar. 14) Desde que la conoce, se ha vuelto otro. 15) Andrés tiene el pelo negro, pero ya le están saliendo canas en las sienes. 16) Las partes contratantes no llegaron a un acuerdo. 17) Los frecuentes viajes le están resultando demasiado caros. 18) Las piernas le temblaban, le flaqueaban las rodillas. 19) Quiere hacerse fraile. 20) Esta mujer llegó a ser mundialmente famosa. 21) Su hermana se impacientaba a menudo, sobre todo cuando él preguntaba por su madre. 22) Con los años se ha convertido en una autoridad en temas de física nuclear. 23) Mientras

Schlüssel: VIII.H.2.

Carlos Zenker se hizo oculista como su padre, su hermano mellizo Rodolfo se decidió por la cirugía. 24) Este llegó a ser catedrático de la Universidad de Marburgo en 1951. 25) Aquellas cifras muestran que la pobreza general ha seguido siendo o ha llegado a ser una nota característica de la mayoría de los países latinoamericanos. 26) El cielo se oscurece y un rayo deslumbrante le rasga como una espada ardiente; pero, inmediatamente después se torna azul y claro como si nada hubiera ocurrido. 27) Pedro Antonio de Alarcón iba, en principio, a hacerse sacerdote, pero, por el contrario, se hizo escritor, el último gran narrador español antes de los innovadores realistas de la generación del 98. 28) En Munich, un padre había construido viviendas a nombre de su hijo, poco después de su nacimiento; el bebé se había convertido así en un „empresario", obteniendo ya en los primeros años de su vida considerables ganancias.

IX. ZUR VORANSTELLUNG DES DIREKTEN UND INDIREKTEN OBJEKTS

I.

1) A los turistas alemanes les encanta el flamenco. 2) El país que hoy se llama México lo conquistó Cortés. 3) Al señor Jiménez pienso verle el próximo viernes. 4) Lo que dices no te lo vamos a creer nunca. 5) Muchísimas preguntas me hicieron en el examen, y ni a una sola supe yo contestar, de puro nerviosismo. 6) A ti debería sucederte lo mismo. 7) Ayuda necesitamos, no consejos. 8) A la niña le compraron el pequinés/El pequinés (se) lo compraron a la niña para que jugara con él. 9) ¿Tantos años tienes ya? 10) A Maribel no le interesa la política. 11) Aquella estatua la compré en Roma. 12) A José le ha arreglado el coche un amigo suyo./El coche (se) lo ha arreglado a José un amigo suyo. 13) A los ladrones los/les sorprendió el vigilante cuando estaban vaciando la caja de caudales. 14) Que el culpable fue/era Ramón no lo sospechaba nadie. 15) Lo que había visto no (se) lo contó a nadie. 16) Cualquier favor le puedes pedir, te ayudará enseguida. 17) ¿A una pregunta tan simple no sabéis contestar? 18) El profesor sabe que a los estudiantes no les agradan estas preguntas./Que a los estudiantes no les agradan estas preguntas lo sabe el profesor. 19) A Cecilia siempre se le escapa la risa en los momentos más inoportunos. 20) ¿A don Emilio Sánchez eligieron presidente del club? 21) La asamblea la ha aplazado el presidente para el jueves. 22) Al que no tenga carné de identidad no se le permitirá la entrada. 23) A Siracusa le dedica Platón su testamento, su célebre Carta Séptima./Su testamento, su célebre Carta Séptima, (se) lo dedica Platón a Siracusa. 24) Al estudio de la Edad del Bronce lo suelen llamar Protohistoria.

II.

1) le 2) lo 3) la 4) le 5) les 6) lo 7) lo/le 8) la 9) le 10) le 11) le 12) lo 13) le 14) le 15) lo 16) le 17) le 18) la 19) la 20) le 21) lo 22) lo

III.

1) Estos libros me los dio una de mis compañeras. 2) Esto no me lo podrá quitar nadie. 3) A este hombre no le falta nada. 4) ¡Cuánto dinero has gastado! 5) Poca gente hay que sea tan generosa como él. 6) ¡Qué ruido tan espantoso hacen esas máquinas! 7) A nosotros no nos importa que nieve. 8) Lo que acabas de explicarnos no lo entendemos del todo. 9) ¡Esa oportunidad no la deberías desaprovechar! 10) Esto lo consideramos muy importante. 11) Que Andrés se haya puesto de parte de

Carlos no lo puedo comprender. 12) Mucho dinero tuvo que pagar porque él había sido el culpable del accidente. 13) Lo que me dijo entonces prefiero no repetirlo. 14) Nosotros no nos atrevemos, pero estamos seguros de que a ti no te faltará valor para hacerlo. 15) Aquel libro lo escribieron en tres meses. 16) A quien te engañó una vez, no más le has de creer. 17) ¿Tanto tiempo necesitas aún? 18) A Antonio no le gusta nada tener que trabajar hasta los sábados. 19) Esto nos lo temíamos. 20) ¿Sabéis dónde están Pilar y Pere? – A Pere le hemos visto en la biblioteca, pero a Pilar la estamos buscando nosotros también. 21) Alguna razón tendrá para no llamarnos. 22) A éste seguro que no le engañas. 23) A la anciana se le llenan los ojos de lágrimas cuando le hablan de su hijo muerto en la Guerra Civil. 24) ¡Cuántas víctimas causó esa guerra! 25) A todos los que quieran saber más sobre el tema les recomendamos la lectura de este libro. 26) La mayoría de los puentes que había en España antes del siglo XIX los construyeron los romanos.

X. DIE ZEITENFOLGE

A. DIE ZEITENFOLGE IM INDIKATIV

I.

1) había traicionado; haría 2) harás 3) había visto 4) empezarás/empezarías 5) estuvimos 6) era/fue/ha sido 7) has contado 8) confían 9) haría 10) había sido 11) resultaría 12) puede 13) había ascendido 14) será

II.

a)

1) Admite que ha falsificado la firma. 2) María sentía que allí había gato encerrado. 3) Creo que eso no tiene ninguna importancia. 4) Leí en el periódico que el año 1980 fue la última vez que la crecida de agua inundó todo el barrio de la zona sur. 5) Yo ya sé desde ahora que no me entenderéis. 6) No se daban cuenta de que les estábamos observando. 7) ¿No veis que estoy ocupado? 8) La junta directiva ha decidido esta mañana que se modificarán los estatutos. 9) He oído que esto te ha costado un gran esfuerzo. 10) En agosto aún creíamos que tendríamos terminado el trabajo hasta finales del año. 11) ¡Y tú creías que nunca lo conseguirías! 12) El Presidente de los Estados Unidos prometió ayer que se relajarían las restricciones para las importaciones de mercancías procedentes de los países andinos. 13) No dudo que lo dice en serio. 14) Sólo muchos años más tarde habría de demostrar uno de sus alumnos que su teoría era acertada.

b)

1) Los viejos siempre dicen que los tiempos han cambiado. 2) Acaban de confirmar que han sido anuladas las elecciones. 3) Corrían rumores de que se habían manipulado las elecciones. 4) ¿No se te ocurrirá decir que no lo sabías? 5) Irlanda, que desempeña actualmente la presidencia de la Comunidad Europea, comunicó ayer que los jefes de los doce estados y gobiernos se reunirían en Dublin en la segunda mitad de abril. 6) Un portavoz irlandés dijo que todavía no se había fijado una fecha exacta. 7) Un párrafo de la „Declaración de Cartagena" reza que habrá intervenciones militares contra los carteles de cocaína, pero cada país con sus propias fuerzas militares. Continúa diciendo que sólo será posible una ayuda militar desde el exterior si lo pide expresamente el gobierno respectivo. 8) La semana pasada se hizo un descubrimiento sensacional durante unas excavaciones realizadas cerca de la ciudad turca de Adana; según declaraciones del director del instituto arqueológico del lugar, se trata de varias sepulturas del tercer siglo a.C.

Schlüssel: X.A./B.

III.

1) Entonces prometió que lo enviaría al día siguiente. 2) Rodrigo reconoce que no lo hará gustoso. 3) El profesor explicaba que España había estado durante siglos bajo el dominio árabe. 4) La semana pasada Carmen nos contó que iría a Sevilla por un año. 5) Pere añadió que él también estaba de acuerdo. 6) El diputado destaca que el Gobierno Federal está dispuesto a hacer ese convenio. 7) El portavoz declara que no va a aguantar esa afrenta sin protestar. 8) Antes de emprender el viaje a los Estados Unidos, el líder israelí afirmó que no se dejaría convencer por presiones internacionales. 9) El Ministro de Transportes comunicó que la limitación de la velocidad no había servido para reducir los accidentes mortales. 10) El político ha dicho esta mañana que lo importante ahora es hacer un buen programa y que pueden adherírsele los partidos que lo acepten.

IV.

Lázaro contó que tenía ... que se vendían en aquella ciudad; que acompañaba a los que padecían ... y que declaraba ... era pregonero, como se decía ... Hacía años, el señor ..., teniendo noticias de su persona, había procurado casarle ... Y así se había casado ... y ... no se arrepentía de ello. Les había hecho alquilar ... y que los domingos ... comían en su casa. Pero malas lenguas, que nunca faltaban ni faltarían, no les dejaban vivir ... hablando mal de su mujer ... cuando sentía que alguno quería decir ... le atajaba y le decía que, si aquél era amigo, no le dijera cosa con que se enfadara, porque no tenía por amigo al que le hacía enfadar, mayormente si le quería meter mal con su mujer, que era la cosa ... que más quería y a la que amaba más que a sí mismo. Juraría que era ... A quien le dijera otra cosa, le mataría. De esa manera no le decían nada y él tenía paz en su casa.

B. Die Zeitenfolge im Subjuntivo

I.

1) se vaya 2) acompañemos 3) se hubiera enfadado 4) regresara 5) me haya ocupado 6) pudiera 7) haya intercedido 8) repitiera 9) trabajes 10) se convirtiera 11) tenga 12) aproveche 13) informe 14) abra; contribuya; desencadene

II.

1) No creo que haya tenido ganas de llamarnos. 2) Ella ignoraba que él había/hubiera estado encarcelado dos años. 3) Deseaban que no hubiéramos actuado tan precipitadamente. 4) El presidente temía que se provocara una escisión en el partido. 5) La mayoría duda que se llegue a un acuerdo. 6) ¿Crees que Andrés ganará las

elecciones? – ¡Yo considero improbable que gane siquiera un voto! 7) No creo que me vuelva a preguntar. 8) ¡Prefiero que nos veamos en mi despacho! 9) Dudaba que fuera posible hacer las cosas de ese modo. 10) Los estudiantes querían conseguir que ofrecieran un examen adicional a principios del curso siguiente.

III.

1) Me dice que le espere. 2) Nos dijo que nunca volviéramos a poner el pie en su casa. 3) Antonio se frotaba las manos pensando que al día siguiente iba a ser domingo. 4) Paco vino y se quejó de que nadie le tomara en serio. 5) Pedí a un colega que llevara él las cartas al buzón. 6) Dice que le llamemos a las tres. 7) María rogó a su hermano que la ayudara a resolver los problemas de matemáticas. 8) El alumno negó que le hubieran pedido esa lección. 9) El médico rogó al paciente que regresara al día siguiente. 10) El presidente ordenó al alborotador que saliera de la sala. 11) El jefe advirtió al aprendiz que no volviera a llegar tarde. 12) El guía de la expedición ordena que se reduzca la ración de agua a partir de mañana. 13) Su tío le advirtió en su lecho de muerte que no pensara sólo en sí y en sus problemas durante su vida. 14) Su marido se alegró mucho y exclamó que por fin había cambiado los manteles del comedor.

XI. DER NEBENSATZ

A. SUBSTANTIVSÄTZE

1. Objektsätze

I.

1) Debo reconocer que no sabía nada de eso. 2) Preferiría que me lo dijeras tú. 3) El demandado recalcó que recurriría contra la sentencia. 4) He observado que estás muy nervioso los últimos días. 5) Tienes que acordarte de que te lo he dicho. 6) Por aquel entonces no contábamos con que esto podría traer consecuencias graves. 7) ¿No sabes que con eso cometes un delito? 8) No digáis luego que no os lo advertí. 9) No soñó nunca con que le pudiera tocar alguna vez la lotería. 10) Nunca he dicho que te ayudaría en una estafa de ese tipo. 11) Nunca subrayó que era el primero de la clase. 12) Nunca he afirmado que Antonio sea el primero de la clase. 13) Ella incluso tuvo en cuenta que podría haber un atasco de coches. 14) Me pone de muy mal humor que a mi hermana pequeña se le hayan perdido las entradas. 15) Las autoridades acaban de confirmar que murieron veinte personas en los incidentes de ayer. 16) Rechazan que se cierre el contrato en esas condiciones.

II.

1) eran 2) aplacemos 3) haya dicho/diga 4) servirían 5) estaba 6) estuviera 7) se ha vuelto/volverá 8) pudiera 9) soy 10) vaya 11) abandonan 12) supiera 13) propusieron/habían propuesto 14) observábamos 15) llevabas 16) es 17) será 18) se hayan/han puesto 19) resultaron

III.

(Einsetzübung):

1) había obrado; puedas 2) aceptáramos; aceptará 3) alcance; había muerto 4) hizo; tenga 5) puedan; volverá 6) haya sido; ha sido 7) hemos estado; se olvidara 8) encuentren; vendrá 9) vayáis; pueda; resultará 10) puede/podrá; saliera; sabíais/sabéis; hubieran sido/fueran

(Übersetzungsübung):

1) Er gab zu, daß er einen Monat vorher unbesonnen gehandelt hatte. Ich sehe ein, daß du das Geheimnis nicht preisgeben darfst.

2) Er drohte uns mit Repressalien und warnte uns davor, diese Einladung anzuneh-

men. Unser Vorschlag gefällt ihm nicht; er macht uns darauf aufmerksam, daß er ihn nie akzeptieren wird.
3) Wir glauben nicht, daß er das gesteckte Ziel erreichen wird. Er glaubte mir nicht, daß sein Freund vor einigen Stunden gestorben war.
4) Ich bezweifle nicht, daß er es gestern unabsichtlich getan hat. Er zweifelt daran (= glaubt nicht), daß sie eine glaubwürdige Erklärung hat.
5) Ich hoffe, daß sie heute noch mit dieser Arbeit fertig werden können, aber ich bin mir nicht sicher. Es ist jetzt schon eine Stunde her, daß sie gegangen ist, und sie wollte nicht lange wegbleiben; ich hoffe (= denke schon), daß sie jetzt bald zurückkommt.
6) Der Junge leugnet, daß er es war, der das getan hat. Er streitet nicht ab, daß er es war, der den Unfall verursacht hat.
7) Denke daran, daß wir schon einmal an diesem Ort waren. Ich erinnerte sie ständig daran (= ermahnte sie), daß sie nicht vergessen sollte sich anzuschnallen.
8) Ich fürchte, daß unsere Gäste den Weg nicht finden werden, weil du ihn auf der Einladung schlecht gezeichnet hast. Ich weiß nicht, was heute passieren wird, aber ich fürchte, daß nur wenige Leute zum Vortrag dieses Politikers kommen werden.
9) Ich habe mir überlegt, daß ihr ins Ausland in Urlaub gehen sollt, um die Sprache zu üben. Ich denke nicht, daß dieser Plan verwirklicht werden kann. Glaubst du, daß dein Vorhaben gut ausgehen wird?
10) Er sagt, daß er sie heute abend nicht anrufen könne. Der Lehrer sagte dem Schüler, daß er den Klassenraum verlassen solle. Sagt bloß nicht, ihr hättet nichts davon gewußt/wüßtet nichts davon! Wir haben doch gar nicht behauptet, daß die Aufgaben zu leicht (gewesen wären) seien.

2. Subjektsätze

I.

1) ¿Es verdad que ha quebrado la empresa? 2) Estaba fuera de duda que se sentirían bien allí. 3) Me sorprende que lo hayáis comprendido tan pronto. 4) Verdaderamente fue un milagro que nadie resultara herido en el incendio. 5) No es necesario que me escribas una carta cada día. 6) No es probable que venga esta tarde. 7) Me extraña mucho que nadie abra la puerta. 8) El que hubiera salido otra vez bien librado de ese asunto nos sorprendió a todos. 9) Era una satisfacción para él que el contrincante hubiera obtenido tan pocos votos. 10) Se comprende por sí mismo que no te dejaremos solo. 11) No puede descartarse que sea cierto lo que dice. 12) Apenas es de esperar que tomen una decisión antes de medianoche. 13) Es notable que haya recorrido el largo trayecto en tan poco tiempo. 14) A mi pregunta respondió Manolo diciendo: No es un secreto que se venden armas al extranjero. 15) Ponen en duda que haya

ocurrido así el accidente. 16) Al menos ya es seguro que se cubrirán los gastos. 17) Tanto mejor para mí que ellos se queden en casa.

II.

1) sea 2) condenaron 3) hagamos 4) vayan 5) hayan llegado 6) se llevan 7) llamaras 8) están 9) se quede 10) cuenten 11) se cayera 12) tengas 13) haga 14) sepas/hayas sabido 15) se quedará 16) se dedicara 17) hubiera

3. Präpositionale Attributivsätze

I.

1) Tú tienes la responsabilidad de que todo se entregue con puntualidad. 2) Estaba muy sorprendido de que llegáramos una semana antes. 3) ¿Tiene Vd. algún inconveniente en que abra la ventana? 4) Su declaración de que fue él quien había cometido el robo le costó cinco años. 5) Dio permiso a sus hijos para que se fueran solos de vacaciones. 6) Estaba harto de que ella le hiciera constantemente una escena por cualquier tontería. 7) Aprovechó la ocasión de que su mujer por fin había encontrado un empleo para dar una fiesta por todo lo alto. 8) No cabe duda de que un día llegará a ser un médico excelente. 9) Cuando/Siempre que atravesaba la calle tenía miedo de que le atropellara un coche. 10) La acusación de que no se jugó limpio en las elecciones resultó fundada. 11) Tenía barruntos de que ya no habría de vivir mucho tiempo en la pobreza. 12) La policía encontró en el recinto de la fábrica abandonada huellas de que allí tenían que haberse escondido terroristas. 13) Su advertencia de que el dique no podría resistir a la tempestad quedó en agua de cerrajas. 14) De todas partes se oye la exigencia de que ya no se vendan más frutas de Africa del Sur. 15) Del hecho de que el cuchicheo se iba haciendo cada vez más alto llegó a la conclusión de que la clase estaba llegando a su fin. 16) Aunque estamos convencidos de que la mitad de vosotros se va a retirar, somos partidarios, sin embargo, de que empecemos a llevar a cabo el plan. 17) La sola idea de que les haya podido pasar algo me hace sentir un escalofrío por toda la espalda. 18) El testigo tiene el derecho de negarse a prestar declaración, si existe la posibilidad de que se comprometa a sí mismo con ello. 19) Manifestó su preocupación de que entretanto la situación pudiera haber seguido agravándose. 20) El hecho de que hayáis aprobado brillantemente este examen no significa ni mucho menos que ahora podáis dormiros sobre los laureles.

II.

1) pongas 2) esperáramos 3) está 4) aplazara 5) hayáis podido 6) había transcurrido 7) había vuelto; era 8) hubieran olvidado 9) resista

4. Indirekte Fragesätze

I.

1) Pedro no sabe si Juliana está en Estocolmo. 2) No sabíais de qué dirección vendríamos. 3) El alumno tuvo que pensar mucho rato hasta saber cuándo había estallado la Guerra de los Treinta Años. 4) No nos podíamos explicar por qué había salido tan precipitadamente. 5) No me dice si regresará mañana. 6) No nos dijo si ya había comprado algo para ella. 7) Me preguntaba para qué serviría eso. 8) El turista nos preguntó cuál era el camino a la estación. 9) Se informa de si estamos contentos con todo. 10) No tenía ni la más remota idea de quién era él. 11) El profesor nos pregunta cuáles son los problemas gramaticales que no entendemos. 12) Ella no sabía decir de qué material estaba hecha la figura. 13) A mí me interesa saber si hará buen tiempo mañana. 14) No sé exactamente cuánto tiempo durará el viaje. 15) Ella preguntó con quién acababa de hablar. 16) No puedo acordarme de dónde he puesto las llaves. 17) Estaban discutiendo sobre cuánto dinero habrían de invertir. 18) Le trae sin cuidado si es que nosotros lo queremos. 19) Todavía no estaban de acuerdo sobre cómo deberían llevarlo a cabo. 20) Antes tienen que calcular si pueden permitírselo. 21) No nos podíamos imaginar qué le había inducido a hacerlo. 22) Están investigando por qué ese virus es tan resistente. 23) Antes queremos asegurarnos de si no hay algo mejor aún. 24) Me he olvidado completamente a qué hora debo presentarme a la entrevista. 25) No tenían ni la más remota idea para qué les habían hecho venir. 26) Cada tarde, la madre suele controlar si sus hijos han hecho los deberes. 27) El estudiante no sabía qué rama de la lingüística estudia los medios de comunicación no verbales.

II.

1) cómo; como 2) qué; que 3) cuando; cuándo 4) cuanto; cuánto 5) dónde; donde 6) para qué; para que 7) porque; por qué 8) quien; quién

5. Gemischte Übungen zu den Substantivsätzen

I.

1) si; de que 2) que; de que 3) de que; que 4) (El) que; que 5) dónde; si 6) de que; de que 7) de cómo 8) con que 9) de cómo; que 10) de que; que 11) que; a que 12) de que

II.

1) quería 2) siguiera 3) había dicho 4) hemos de 5) haya renunciado 6) nos quedaremos 7) aprobará 8) estudiemos 9) vaya 10) nos veríamos 11) terminaría;

venga 12) creía; consiguiéramos 13) tengáis; puede 14) haya dado; hemos ofendido 15) pregunta

B. ADJEKTIV- ODER RELATIVSÄTZE

I.

1) Buscamos un lugar donde no haya tantos turistas. 2) Unos metros más allá encontré a Juanita, que andaba paseando por las calles. 3) Es muy trabajadora, lo que/lo cual no se puede decir precisamente de ti. 4) Busco a alguien que sepa traducirme una carta en ruso. 5) Hablaba con un entusiasmo que nos arrastraba a todos. 6) Venderé la casa a quien me haga la mejor oferta. 7) El asunto tomó un curso con el que nadie había contado. 8) Hacía las muecas más curiosas, por lo que se enfadó terriblemente la anciana. 9) ¡Qué barbaridad! Tú saludas a todo el que encuentras. 10) Cuanto dice no tiene ni pies ni cabeza. 11) Haz con tu dinero lo que te dé la gana. 12) Preguntamos a cuantos lo hubieran podido saber. 13) Se sentaron en el mirador, donde siempre está uno tan a gusto. 14) Es preciso que quede entre nosotros lo que vamos a tratar ahora. 15) No debes hacer más que lo que te digan. 16) No lo hizo como se lo habíamos enseñado. 17) La mujer de nuestro vecino Manolo, la cual suele cuidar de nuestros hijos, es muy simpática. 18) Queremos regalarle a ella algo que le guste mucho y que haga que no nos olvide jamás. 19) ¿Fuiste tú el que me pidió mis papeles? 20) A ti es que no se te olvida lo que/cuanto se te dijo una vez. 21) Tus zapatos son más bonitos que los que yo me he comprado. 22) El hombre a cuyo hijo mordió nuestro perro quiere denunciarnos por lesión corporal. 23) Todos los que/Cuantos quieran participar en la excursión hagan el favor de inscribirse en la lista. 24) Aún no hemos llegado a un acuerdo sobre la manera como acabar con este problema. 25) El estudiante no contestó, de donde dedujo el profesor que no había aprendido la lección. 26) Siempre éramos nosotros los que teníamos que trabajar más. 27) Sólo merece la libertad como la vida el que tiene que ganársela día a día (Goethe).

II.

1) Mario se compra un abrigo nuevo, que es muy caro. 2) Encontré a mi amigo, cuyo padre es el alcalde de nuestro pueblo. 3) Se quedará para siempre en ese pueblucho donde su familia se ha ganado penosamente la vida desde hace muchos años. 4) El señor García, que está en Alemania de viaje de negocios, vino a vernos ayer. 5) En la puerta hay un hombre que nos quiere vender revistas. 6) Este es el vecino cuyos hijos ya no viven aquí. 7) Ya ha leído el libro que le traje ayer. 8) El marido de Doña Matilde la ha abandonado, lo que nos dejó muy asombrados. 9) Trato de tranquilizar a mi mujer, que está muy nerviosa. 10) Hubo una fuerte explosión, de donde pensaron

enseguida en un atentado. 11) Ha desaparecido su secretaria, cosa que yo no sabía hasta ayer. 12) Un chiquillo estaba sentado en medio de la acera, el cual lloraba amargamente. 13) Napoleón I, (el) que/quien/el cual fue el general más temido de su siglo, murió en 1821. 14) Hizo un viaje a través de la India, del cual nos quiere contar esta tarde. 15) Habló con una soltura como sólo encuentras raras veces.

III.

1) que; lo que/lo cual 2) cuanto/lo que 3) como 4) Quien/El que 5) lo que 6) la que 7) donde/en que 8) que; el que 9) los que/quienes 10) la que/la cual 11) lo que 12) cuantos/(todos) los que/quienes 13) como 14) lo que 15) cuyo 16) la que 17) quien/al que 18) al que/todo el que/quien 19) donde 20) quienes/los que

IV.

1) Os voy a contar una anécdota que oí ayer en el tranvía (Esp). 2) La calle mayor, que se arregló hace medio año, vuelve a tener grietas (Exp). 3) Me lo dijo el cliente que vive en Munich (Esp). 4) Vosotros, quienes/los que habéis nacido aquí, seguro que conocéis todos los rincones de la ciudad (Exp). 5) En este escaparate están expuestos los libros que acaban de publicarse (Esp). 6) El hombre cuya mujer ha muerto la semana pasada no encuentra consuelo (Esp). 7) En el año 90 a. de J.C. combatieron en las filas del ejército romano guerreros de Salduia (Zaragoza), quienes recibieron por su valor la ciudadanía romana (Exp). 8) El mal que sale de tu boca se vuelve hacia tu corazón (Esp). 9) Cada cuba huele al vino que contiene (Esp). 10) El profesor reprendió a los estudiantes, que no habían aprendido bien la lección (Exp: todos los estudiantes)./ El profesor reprendió a los estudiantes que no habían aprendido bien la lección (Esp: sólo a algunos).

V.

1) dijo; dijo 2) quiera 3) necesita 4) venga 5) haya hecho 6) manda 7) sepa 8) pueda 9) supiera 10) visiten 11) visitan 12) preguntaban 13) sepa 14) quieran 15) esperaba 16) sepa 17) había venido 18) acierte; hizo/hace

VI.

1) No dejes para mañana lo que puedas hacer hoy. 2) El que se excusa se acusa. 3) Quien calla, otorga. 4) El que no va a la guerra, no muere en ella. 5) No hay nadie tan perfecto que no tenga algún defecto. 6) Donde vayas, de los tuyos hallas.

VII.

1) Wer zuviel auf einmal will, bringt nur wenig zustande. 2) Morgenstund hat Gold im Mund. 3) Wer bezahlt, der hat das Sagen. 4) Wer schweigt, verschweigt etwas/hat etwas auf dem Kerbholz.

VIII.

1) de lo que 2) que lo que 3) de lo que 4) del que 5) que el que 6) de las que 7) que las que 8) de los que 9) que los que 10) que la que 11) de la que 12) del que 13) que el que

C. Adverbiale Nebensätze

1. Finalsätze

I.

1) Hablaba bajo, para que/porque no se despertaran los pequeños. 2) El pequeño Nicolás estudiaba hasta las tantas para que el profesor no volviera a reprenderle. 3) Nunca se pone un sombrero, para que/porque no digan que es un viejo. 4) Debes tener una razón muy convincente para que te lo perdonemos. 5) Desistió de su puesto, para que se hiciera cargo de él uno más joven. 6) Ven aquí, para que yo pueda enseñártelo. 7) ¿Qué más debo hacer para que acabes por creerme? 8) Paco ayuda incansablemente a Miguel, a fin de que éste llegue a comprender la gramática. 9) Nos animó a que pasáramos una larga temporada en Madrid. 10) Uno de los dos ladrones produjo un cortocircuito, para que su cómplice pudiera ir haciéndose en la oscuridad tranquilamente con los valiosos collares de oro.

II.

1) vieras 2) comprendamos 3) comprendiera 4) tengamos 5) pueda 6) hiciéramos 7) puedan 8) esté 9) crean 10) se diera cuenta

2. Kausalsätze

I.

1) Era tan estimado porque se interesaba por los problemas de todos. 2) Porque tenga los cabellos tan castaños, no tenéis que burlaros constantemente de él. 3) Pasa adentro, que va a haber una tormenta horrible. 4) Porque no contagiara a los demás,

el médico ordenó a Marco que se quedara en casa. 5) No nos quedaremos aquí mucho tiempo, sobre todo si se tiene en cuenta que la situación se está agravando cada vez más. 6) Te haré este favor, no porque me guste hacerlo, sino porque me lo has pedido tú. 7) Deshicieron el contrato, puesto que un contratante no había cumplido las cláusulas. 8) Ya porque hubiera trabajado tan despacio, ya porque hubiera cometido tantas faltas, el caso es que le despidieron. 9) Nunca llegará a nada, no porque sea tonto, sino porque es muy vago. 10) Ten cuidado con lo que dices, pues es muy susceptible. 11) Como no jugaste ayer con nosotros, no tuvimos ninguna posibilidad de ganar. 12) Ya porque estuviera enfadado conmigo, ya porque en efecto no hubiera tenido tiempo, el caso es que no vino. 13) Porque tu padre sea el director de nuestra escuela, no te puedes tomar todas las libertades que quieras. 14) Se jubiló antes de tiempo, sobre todo porque la alergia causada por su trabajo se agravaba cada vez más. 15) Te doy esta novela porque veas que no me olvido de ti. 16) Este trabajo es especialmente digno de mención, puesto que da una buena visión de conjunto sobre el estado de la investigación.

II.

1) había 2) guste 3) tiene 4) se haya olvidado 5) veas 6) sepa; gusta 7) vuelves 8) esté; me interesa 9) pueden 10) vi

3. Konsekutivsätze

I.

1) Estaban tan consternados que no pudieron decir ni una sola palabra. 2) No eres tan egoísta que no me vayas a dar nada. 3) Comió como una lima, por lo tanto acabó con dolores de estómago. 4) El jardín florece que da gusto verlo. 5) Su tío le ha dejado una gran fortuna, de ahí que ya no tenga que preocuparse por nada. 6) El libro está escrito en un lenguaje fácil de comprender, de manera que lo pueden leer también los que no son especialistas en la materia. 7) Aporrea el piano de un modo que a uno le acaban doliendo los oídos. 8) No hay nadie tan perfecto que no tenga algún defecto. 9) El coche llevaba tanta velocidad que no se pudo reconocer la placa de matrícula en la foto del radar. 10) La chica gritaba tanto que no entendimos nada de lo que decía el conferenciante. 11) Había tal expresión de angustia en sus palabras, que no pude menos de tranquilizarla. 12) Lo explicaba muy detalladamente, de modo que todos pudiéramos comprenderlo. 13) Tuvo una vez serios problemas con perros, por lo tanto ahora rehuye el trato con ellos. 14) Estaban muy agotados por ese duro día de trabajo, de manera que acabaron quedándose en casa. 15) La mayor parte de la tierra pertenecía a unos pocos terratenientes, de ahí que hubiera constantemente revueltas entre la población rural.

II.

1) se marchó 2) puede 3) fueran 4) podía 5) se resfriara 6) sabía 7) hay 8) sepas 9) pude 10) tuviera

4. Konditionalsätze

I.

1) Como no tengas cuidado, acabarás mal. 2) Siempre que hagas lo que te decimos, no pasará nada. 3) En caso de que encuentres 100 marcos, ¿qué harás con ellos? 4) Si yo estuviera en Madrid en este momento, visitaría el Museo del Prado. 5) Caso que (tú) no estés de acuerdo, no haremos lo que nos dicen. 6) Podría mucho más si quisiera. 7) Como no te portes mejor, te mandaré a casa. 8) En caso de que vuelva a ir a España este año, tomaré esta vez el avión. 9) Si la conferencia hubiera sido un poco más breve, y en cambio más objetiva, habríamos/hubiéramos sacado más provecho de ella. 10) Caso que no arranque el coche, iré a pie a la oficina. 11) Habrá suficiente gasolina hasta llegar a casa, con tal de que no tengamos demasiadas veces el disco rojo. 12) Debería/Debiera habernos avisado, si hubiera querido que fuéramos hoy. 13) Te revelaré mi secreto sólo con tal que no digas ni pío a nadie. 14) Si uno no tiene más que fracasos, se le pueden quitar a uno las ganas de reír.

II.

1) necesites 2) viene 3) estorbes 4) devuelvas 5) fuera 6) salgas 7) sigue 8) termines 9) hubiera dado 10) se decidiera 11) hubiéramos equivocado 12) quisiera

5. Konzessivsätze

I.

1) Por muy insistentemente que pida, nosotros no le daremos nada. 2) Explicándoselo con una gráfica y todo, no llegó a comprenderlo. 3) Aun a sabiendas de que llegaríamos tarde no se dio ni pizca de prisa. 4) Por mucho que llores, yo no te daré esa dinerada para un abrigo de pieles. 5) Si bien él tiene a veces ideas muy raras, los dos se llevan estupendamente. 6) Aun cuando me den allí un buen empleo, no iré a vivir a esa ciudad. 7) Aun cuando le ofrecieran el doble de sueldo, no se quedaría ni un día más en esa empresa. 8) Con todo lo triste que estaba él mismo, sin embargo, tenía palabras de consuelo para con nosotros. 9) Aun a riesgo de que dejes de hablarme, voy a decirte francamente lo que yo opino de todo esto. 10) Con lo poco que estudian, hasta la fecha llevan aprobados todos los exámenes. 11) Aun cuando esa traducción no era una maravilla, era al menos satisfactoria. 12) Aun cuando

ahora hubieran subido las acciones, ya no podrían haberle salvado de la ruina. 13) A pesar de que Buero Vallejo ha comentado en más de una ocasión que su auténtica vocación es la pintura, a partir de 1946 escribe teatro. 14) El precipitarse de los acontecimientos típico de los dramas, por poco realista que parezca, puede significar un refuerzo eficaz de la acción dramática.

II.

1) vivía 2) estaba 3) tuvieras 4) corrieran 5) hiele 6) estén 7) hubieras hecho 8) comete 9) sea 10) dijeran 11) podría 12) rompa 13) coma 14) fueran

6. Modalsätze

I.

1) La novela no es tan emocionante como afirman todos. 2) Según dispongamos de material representativo o no, podrán hacerse pronósticos seguros. 3) Que yo sepa, trabaja en una oficina de traducciones. 4) Leyendo diarios extranjeros todos los días, se amplia enormemente el vocabulario. 5) De repente, tuvo la sensación de como si no tuviera donde apoyarse. 6) Eres igual que tu madre, sólo que tú tienes los ojos azules. 7) Aprobó sus palabras en la medida en que coincidían con su propia opinión. 8) A mí también me parece el vestido muy bonito, sólo que no creo que te venga bien. 9) La velada trascurrió de forma muy distinta a como la habían planeado. 10) El semestre empezará a finales de septiembre o principios de octubre, depende de cuando lo disponga el Ministerio. 11) Tanto más largo será el trecho del frenazo, cuanto más rápido vaya el coche. 12) Cuanto más tiempo uno contempla este cuadro, tanto más detalles descubre uno. 13) No vendrá, a menos que cambie de opinión. 14) Nunca pone la televisión, salvo que se emita un programa de su especialidad. 15) El perro sigue apestando igual que antes de bañarlo. 16) Las palabras del político están incompletas, en la medida en que no han tenido en cuenta los aspectos negativos. 17) Es tanto más indispensable cuanto que él es el único que entiende de esto. 18) Los jefes de Estado de esas dos naciones se despidieron sin que se hubiesen firmado los acuerdos. 19) Según acaba de informarnos la redacción, en ese grave accidente ha habido 20 muertos y 130 heridos.

II.

1) como 2) sin que 3) salvo/excepto/sólo que 4) saliendo 5) Según 6) como si 7) excepto/salvo/sólo que 8) en la medida en que 9) tanto más cuanto que

III.

1) escribiendo 2) reconociera 3) pienses 4) decía 5) sea 6) se basa 7) haya 8) vinieran 9) dijo 10) prefiera 11) hubiera visto

7. Temporalsätze

I.

1) Cada vez/siempre que comía aceitunas tenía ardor de estómago. 2) ¡Sírvanse Vds. mientras duren las reservas! 3) Apenas le hube llamado por teléfono, se presentó en mi despacho. 4) Tardará todavía algún tiempo hasta que vuelvas a andar como antes. 5) Puedes pagármelo cuando tengas dinero. 6) Todas las mañanas, después de levantarse, tomaba una copita de champaña para que le subiera la tensión. 7) Cuando Emilio abrió la puerta de su piso, encontró una carta en el suelo. 8) Tan pronto como el chantajista colgó el auricular, informaron a la policía. 9) En cuanto percibe los primeros rayos de sol, se despierta. 10) Me parece un sueño siempre que pienso en ello. 11) ¡No te olvides de quitar del fuego las verduras antes de que empiecen a hervir! 12) Después de que han podido reprimirse incruentamente los últimos levantamientos, reina de nuevo paz y tranquilidad en el país. 13) Desde que han transformado la calle mayor en zona de peatones, han aumentado las ventas. 14) No darán un informe oficial hasta que sepan más detalles. 15) Los mineros continuaron en huelga hasta que se aceptaron sus reivindicaciones. 16) Apenas nos habíamos repuesto de ese susto, cuando llegó la siguiente mala noticia. 17) En cuanto se haya puesto el sol, volveremos a casa. 18) Los chiquillos, tendidos boca abajo, jugaban a las cartas, mientras que los viejos, a la sombra del roble del pueblo, se contaban historias de tiempos remotos.

II.

1) leía 2) está/esté 3) haya 4) éramos 5) vea 6) llegues 7) bajó 8) tenía 9) atacara 10) introducir 11) hayáis comido 12) has dicho 13) dieran 14) vuelva 15) tapamos

III.

1) venía 2) se volvió 3) fue 4) iba 5) entraba 6) recordó 7) se representaba 8) murió 9) iba 10) se oyó

8. Gemischte Übungen zu den adverbialen Nebensätzen

I.

1) Es muy irritable, aun cuando parece una mosquita muerta/como si no fuera capaz de hacer mal a nadie. 2) Cuando el equipo de su ciudad natal ganó el campeonato

de fútbol, estaba tan orgulloso como si el mérito fuera suyo. 3) Así que llegue a casa te llamaré por teléfono para que sepas que no ha pasado nada. 4) Si hubieras venido un poco más antes, le habrías/hubieras visto, pues acaba de salir. 5) Para que lo sepas: si vuelves a asustarme de tal forma que por poco pierdo el sentido, ¡vas a ver lo que te espera! 6) Me habían puesto de tan mal humor que me habría/hubiera vuelto a casa si tú no me lo hubieras impedido. 7) Tardará todavía un tiempo hasta que se publique el resultado de las elecciones, puesto que esta vez el procedimiento es mucho más complicado que otras veces. 8) Me llamo Julio, pero si algún día quieres venir a verme, pregunta por „El Campeón", pues así me llama aquí todo el mundo desde que una vez vencí por K.O. a un gran boxeador. 9) Los marineros aprovechaban el tiempo embadurnando los flancos de los buques con alquitrán muy caliente, para que éstos resistieran sin daños la próxima difícil travesía. 10) Como uno se descubre sobre todo por el lenguaje, un autor, cuando/si pretende crear caracteres individuales, tiene que poner atención principalmente en el lenguaje de los personajes. 11) Al tratar a fondo de resolver este problema fui descubriendo que no era tan fácil de solucionar como me parecía al principio.

II.

1) hasta que 2) sin que 3) En caso de que 4) Desde que 5) aunque/si bien 6) como 7) Antes de que 8) como si 9) mientras que 10) si 11) Apenas; cuando 12) porque/para que 13) Por muy 14) así que 15) Como 16) a que 17) tan pronto como 18) Mientras 19) Apenas 20) ya que

III.

1) hubiéramos pedido 2) se divirtiera 3) considerar 4) sea 5) hubiera llegado 6) dijo 7) vas 8) tenga 9) cerró 10) salir 11) sepas 12) tiene; se coja 13) llegue 14) esté 15) oyó 16) venga 17) entendía 18) pagues 19) esté nevando; queda 20) revisen 21) reconociera 22) vimos 23) poner

IV.

1) Ayer le trajimos un ramo de flores a Angela porque cumplió 18 años. 2) Leí algunas páginas de la novela antes de comprármela. 3) Fregó la casa de arriba abajo porque/para que la suegra no le pusiera pega alguna. 4) Después de calentar la sopa de guisantes, me la comeré. 5) Cogió del montón sólo algunas manzanas porque no podía llevar más. 6) Cuando/Así que entró en la sala de estar, el reloj de pared dio las once. 7) Aunque estaba completamente borracho, quiso conducir. 8) Esta ciudad no es buena para los ciclistas, puesto que no tiene vías especiales para ellos. 9) En caso de que los negocios sigan marchando viento en popa, podremos contratar

a más obreros. 10) Tan pronto como Paco dio un frenazo, sintió un fuerte golpe en la nuca. 11) Enrique ganó el campeonato aunque estaba herido. 12) Le atormentan dolores tan espantosos que ya nos los puede aguantar. 13) Si bien el enfermo tomó todas las medicinas, su estado siguió agravándose.

V.

1) Daß mich niemand stört, solange ich noch esse! 2) Nur weil du mein bester Freund bist, darfst du mir noch lange nicht so etwas sagen! 3) Wie man sagt, sollen dieses Semester die Klausuren sehr hart sein. 4) Gib bitte das Gepäck auf, damit ich die Koffer auf der Fahrt nicht mitzuschleppen brauche. 5) Er konnte gerade noch einen Zusammenstoß vermeiden, indem er den Wagen im letzten Moment in den Graben lenkte. 6) Sobald er nach Hause kam, warf er seine Schultasche hin und setzte sich an den Tisch. 7) Er hat sich beim Hinfallen sehr weh getan, zumal er schon verletzt war. 8) Sein Benehmen fiel gerade so aus, wie ich es befürchtete. 9) Er gab mir so viel Geld, daß ich die doppelte Menge kaufen konnte. 10) Komm her, damit ich dir etwas für deine Mutter mitgeben kann! 11) Ich mache alles, um dich nur glücklich zu sehen. 12) Sollte es Schwierigkeiten geben, sag mir Bescheid! 13) Wenn du auch einmal eine Arbeit danebengehauen hast, so wirst du nicht gleich sitzenbleiben! 14) So schlecht der Ausländer sich auch ausdrückte, es verstanden ihn dennoch alle. 15) Die Wiederaufnahme des Verfahrens ist um so notwendiger, als inzwischen neue Erkenntnisse vorliegen.

VI.

a)

1) Geh nicht so nah' an den Hund heran, denn er ist bissig! (Kausal) Bring es hierher, so daß ich es mir genauer ansehen kann! (Konsekutiv-Final)

2) Sowie er die Haustüre hinter sich zugezogen hatte, fiel ihm ein, daß er seine Schlüssel vergessen hatte. (Temporal) Sie entschloß sich so schnell, daß wir sie gar nicht erst überreden mußten. (Konsekutiv)

3) Er verdient so viel, daß er sein Geld schon nicht mehr zählen kann. (Konsekutiv) Du giltst so viel, wie du hast. (Modal: Komparativ, Verhältnis der Gleichheit) Seine Kritik ist um so berechtigter, als sie wahre Mißstände aufdeckt. (Modal: Komparativ der Spezifizierung)

4) Je mehr Eier du nimmst, um so besser wird der Teig. (Modal: Komparativ, Proportionales Verhältnis) Sie aßen von dem Braten soviel sie nur konnten. (Modal: Komparativ, Verhältnis der Gleichheit) Seine Geschichte fesselte uns insofern, als wir uns gar nicht vorstellen konnten, wie sie ausgehen sollte. (Modal: Komparativ der Spezifizierung)

Schlüssel: XI.C.8.

5) Alles blieb so, wie es war. (Modal: Komparativ, Verhältnis der Gleichheit) Wie uns Peter sagte, hat es jetzt keinen Sinn, es weiter zu versuchen. (Modal: Restriktiv)
6) Sie bekam die Stelle als Kassiererin, weil sie so vertrauenswürdig aussah. (Kausal) Sie verhielten sich ganz still, damit das Kind nicht aufwachte. (Final-Kausal) Nur weil die Gegner uns drohen, werden wir doch jetzt nicht die Nerven verlieren. (Kausal-Konzessiv)
7) Es wird alles so gemacht, wie Sie es sagen. (Modal: Komparativ, Verhältnis der Gleichheit) Da sie schon gegangen waren, ging ich dann auch. (Kausal) Sollten sie schon gehen, gehe ich ebenfalls. (Konditional: eventuelle Bedingung) So wie die Dinge stehen, ist es wohl besser, daß wir die Reise aufschieben. (Modal: Komparativ, Verhältnis der Gleichheit) Er rannte, als wäre der leibhaftige Teufel hinter ihm her. (Modal: Komparativ, hypothetisches Verhältnis)
b)
1) Por mucho tiempo que quiera esperar aquí, no se lo daré. (Konzessiv) Mientras ibas a la escuela, te mantenían tus padres. (Temporal)
2) Por muchas veces que viniera, siempre le rechazaban. (Konzessiv) Cada vez que/Siempre que venía, le rechazaban. (Temporal: Iterativ der Vergangenheit)
3) Aun cuando no os guste, yo digo lo que pienso. (Konzessiv) Caso que siga nevando así, no habrá clase mañana. (Konditional: eventuelle Bedingung) Cuando nieva, solemos ir con esquís a la escuela. (Temporal: Iterativ der Gegenwart) Ella no decía ni una palabra, a menos que la preguntáramos. (Modal: Restriktiv) Cuando/Si los campesinos se negaban a cumplir las condiciones de los terratenientes, éstos destruían sus casas y confiscaban los pocos objetos que poseían. (Temporal: Iterativ der Vergangenheit/Konditional: real)
4) En la medida en que me es posible arreglo el coche yo mismo. (Modal: Komparativ der Spezifizierung) Según puedo yo juzgar, este artículo no es nada del otro jueves. (Modal: Restriktiv)
5) En caso de que no tengáis más preguntas, podéis iros. (Konditional: eventuelle Bedingung) Su trabajo es bueno, en la medida en que está fundamentado científicamente. (Modal: Komparativ der Spezifizierung)